JOHN C. MAXWELL

LAS 21 CUALIDADES

INDISPENSABLES
DE UN LÍDER

BETANIA

Un Sello de Editorial Caribe

Betania es un sello de Editorial Caribe,
Una división de Thomas Nelson.

©2000 Editores Caribe-Betania
P.O. Box 141000
Nashville, TN 37214-1000, EE.UU.
www.caribebetania.com

Título del original en inglés:
The 21 Indispensable Qualities of a Leader
©1999 por Maxwell Motivation, Inc.

ISBN 0-88113-558-5

Traductor: Dámaris Rodríguez

Impreso en EE. UU.
Printed in the U.S.A.

7ª Impresión
www.caribebetania.com

CONTENIDO

RECONOCIMIENTOS

Quiero agradecer a todo el personal de Thomas Nelson por lo duro que siempre tienen que trabajar con mis libros, pero también por la calidad con que lo hacen.

A los miembros del personal del Grupo INJOY: Linda Eggers, mi asistente administrativa; Brent Cole, mi asistente de investigaciones y a Stephanie Wetzel, mi revisora; todos los cuales me hacen parecer mejor de lo que soy.

Y a Charlie Wetzel, mi escritor, que multiplica mi tiempo e influencia a través de esta obra.

INTRODUCCIÓN

¿Qué es lo que hace que una persona quiera seguir a un líder? ¿Por qué la gente obedece a regañadientes a uno mientras que a otro lo sigue apasionadamente hasta el fin de la tierra? ¿Qué es lo que diferencia a los líderes teóricos de los líderes que dirigen con efectividad en un mundo real? La respuesta está en las cualidades del carácter de la persona.

Mi amigo, ¿sabes si tienes lo que se necesita para convertirte en un gran líder, el tipo de líder que atrae a la gente y hace que las cosas ocurran? Quiero decir, si tomas el tiempo para mirarte profundamente, ¿encontrarás las cualidades que necesitas para cumplir tus sueños más audaces, esos que nunca has contado a nadie? Esa es la pregunta que tenemos que tener la valentía de hacernos, y responderla con sinceridad si queremos desarrollar nuestro verdadero potencial.

He escrito este libro para ayudarte a reconocer, desarrollar y refinar las características personales que se necesitan para ser un líder verdaderamente efectivo, el tipo de persona a la que la gente quiere seguir. Si ya has leído *Las 21 leyes irrefutables del liderazgo,* entonces entenderás que llegar a ser un líder toma tiempo. La Ley del Proceso dice que el liderazgo se desarrolla diariamente, no en un día. Parte del desarrollo del líder viene de aprender las leyes del liderazgo, porque esas son las leyes que enseñan cómo funciona el liderazgo. Pero entender el liderazgo y realizarlo verdaderamente son dos cosas diferentes.

Recientemente hablé con un amigo llamado Bill Freeman. Es presidente de Watkins Trucking, la compañía más grande de camiones de Estados Unidos. Es un ejecutivo excelente, y como todos los buenos líderes siempre está buscando formas de aprender y crecer.

«Estoy casi en la mitad del libro», me dijo, refiriéndose a *Las 21 leyes irrefutables del liderazgo*. «Ha hecho un tremendo impacto en mí».

Después dijo algo que me impresionó. «Déjame decirte cómo es que lo leo», me dijo. «Cada mañana leo un capítulo, y durante todo el día pienso en esa ley. Mientras trabajo, me evalúo y me pregunto cómo estoy cumpliendo con esa ley del liderazgo. Observo a la gente en la oficina para ver si la practican. Todo el trabajo de la compañía lo mido con este metro y observo, valoro, reflexiono. Cada mañana es una ley diferente. En realidad este libro es un abridor de ojos».

Las palabras de Bill me entusiasmaron. Y fueron las que me impulsaron a escribir este nuevo libro. Bill enfoca su propio liderazgo desde adentro hacia afuera, como debe ser. Los líderes son efectivos por lo que son interiormente; por las cualidades que los hacen personas. Para llegar al más alto nivel de liderazgo, las personas tienen que desarrollar estos rasgos interiormente.

Después de hablar con Bill, tomé un tiempo para reflexionar sobre las características de los mejores líderes que conozco, aquellos a quienes la gente verdaderamente quiere seguir. Busqué temas comunes. Hablé con otros líderes y oí sus impresiones. Y examiné líderes que han hecho impacto en la historia. Hice una lista de 21 cualidades que poseen todos los grandes líderes. Estas cualidades se describen e ilustran en este libro, con la intención de que sean un complemento a *Las 21 leyes irrefutables del liderazgo*.

A medida que te familiarices con el libro, podrás darte cuenta que es posible leer varios capítulos de una vez. E incluso leerte el libro completo de una sentada. *No lo hagas. Las 21 cualidades indispensables de un líder* está diseñado para ser absorbido de la misma manera que lo hace Bill Freeman: estratégica y metódicamente.

Quiero animarte a vivir con este libro por un tiempo. Lee un capítulo y déjalo reposar. Reflexiona y repásalo y luego sigue adelante. Si la cualidad que estás estudiando corresponde a una debilidad tuya, dedícale más tiempo antes de pasar al capítulo siguiente. Quizás quieras repetir esto varias veces durante el curso de un año para fortalecer cada rasgo en tu carácter.

En el liderazgo, las cosas surgen y caen. Verdaderamente, el liderazgo se desarrolla desde adentro. Si puedes llegar a ser el líder que debes ser dentro de ti, serás capaz de convertirte en el líder que quieres ser fuera de ti. La gente querrá seguirte y cuando esto suceda, serás capaz de enfrentar cualquier cosa.

C A R Á C T E R :

S É   U N   P E D A Z O   D E   R O C A

El liderazgo es la capacidad y voluntad de
conducir a hombres y mujeres a un propósito
común y a un carácter que inspire confianza.

—Bernard Montgomery,
British Field Marshall

Nunca niegues tu propia experiencia y
convicciones por mantencr la paz y la calma.

—Dag Hammarskjold,
hombre de estado y Premio Nobel de la Paz

ARRIESGARLO TODO

Si has estado en areopuertos pequeños o tienes mucha experiencia volando en aviones de ejecutivos, probablemente habrás visto o volado en un avión Lear. Yo he tenido la oportunidad de volar en uno de esos un par de veces y es toda una experiencia. Son pequeños, solo pueden llevar de 5 a 6 pasajeros, y son muy rápidos. Es como subir a un tubo con motores a reacción.

Tengo que admitir que la experiencia de montar en un avión Lear es bastante estimulante. Pero lo más asombroso para mí es el tiempo que ahorra. He viajado literalmente millones de kilómetros en aviones comerciales y estoy acostumbrado a largos viajes hasta los areopuertos, a la devolución de carros alquilados, a vuelos cortos, a embotellamientos en las terminales, y a retrasos que parecen interminables. Esto puede ser una pesadilla.

Volar en un Lear puede fácilmente reducir a la mitad el tiempo del viaje.

El padre de este asombroso avión fue un hombre llamado Bill Lear. Inventor, aviador y líder de negocios, llegó a ostentar más de 150 patentes, incluyendo las de los pilotos automáticos, radio de carros y las cintas de grabadoras de ocho pistas. Lear fue un pionero en su pensamiento, y en 1950 pudo ver el potencial para la fabricación de pequeños aviones para compañías. Le tomó varios años transformar su sueño en realidad, pero en 1963 el primer avión Lear a reacción hizo su viaje inaugural, y en 1964 hizo su primera entrega a un cliente.

El éxito de Lear fue inmediato y rápidamente vendió muchas de estas aeronaves. Pero no mucho después supo que dos de ellas se habían estrellado en misteriosas circunstancias. Aquello lo dejó anonadado. Por ese tiempo, cincuenta y cinco de los aviones Lear pertenecían a dueños privados. Lear inmediatamante envió un aviso a todos los dueños para que no volaran sus aviones hasta que él y su grupo pudieran determinar qué había causado las caídas. La preocupación de que más vidas se perdieran era mucho más importante para él que cualquier publicidad negativa que pudiera surgir en los medios de comunicación.

Al investigar los vuelos fatales, Lear descubrió una causa potencial, pero no podía verificar el problema en tierra. Había solo una forma segura de descubrir si había diagnosticado el problema correctamente. Tendría que hacerlo en el aire.

Era un proceso peligroso, pero fue lo que precisamente hizo. Mientras volaba el avión estuvo a punto de perder el control y por poco tiene el mismo destino de los otros dos pilotos. Pero se las arregló para realizar las pruebas y establecer dónde estaba la falla. Creó una nueva pieza y se la puso a los cincuenta y cinco aviones, con lo que eliminó el peligro.

Mantener a los aviones en tierra le costó a Lear mucho dinero. El incidente sembró la duda en la mente de los consumidores potenciales, y como resultado, necesitó dos años para reconstruir el negocio. Pero Lear nunca se arrepintió de su decisión. Estuvo dispuesto a arriesgar su éxito, su suerte, e incluso su vida para resolver el misterio de esas caídas; pero no su integridad. Y para eso se necesita carácter.

AL GRANO

La forma en que un líder trata con las circunstancias de la vida dice mucho de su carácter. La crisis no necesariamente forma el carácter, pero sí lo revela. La adversidad es el cruce de dos caminos donde una persona tiene que elegir uno de los dos: carácter o compromiso. Cada vez que escoge el carácter, la persona se vuelve más fuerte, aun cuando esa elección traiga consecuencias negativas. Como escribió el ganador del Premio Nobel Alexander Solzhenistsyn, «el sentido de la existencia terrestre descansa, no en la forma en que hayamos desarrollado el pensamiento en función de la prosperidad, sino en el desarrollo del alma». El desarrollo del carácter es el centro de nuestro desarrollo, no solo como líderes sino como seres humanos.

¿Qué debemos saber sobre el carácter?

1. Carácter es más que hablar

Cualquiera puede *decir* que tiene integridad, pero la acción es el indicador real del carácter. Tu carácter determina quién eres. Lo que eres determina lo que ves. Y lo que ves determina lo que haces. Es por eso que nunca se puede separar el carácter de un líder de sus acciones. Si las acciones e intenciones del líder están en constante oposición, entonces mira a su carácter para encontrar el porqué.

2. El talento es un don, pero el carácter es una elección

Hay muchas cosas en la vida sobre las que no tenemos control. No podemos escoger a nuestros padres. No podemos seleccionar el lugar ni circunstancias de nuestro nacimiento y crecimiento. No podemos seleccionar nuestros talentos ni nuestro coeficiente de inteligencia. Pero sí podemos escoger nuestro carácter. En realidad, el carácter lo estamos creando cada vez que hacemos una elección; evadir o confrontar una situación difícil, doblegarnos ante la verdad o mantenernos bajo el peso de ella, tomar el dinero fácil o pagar el precio. A medida que vivimos y hacemos decisiones, estamos formando nuestro carácter.

3. El carácter produce éxito duradero con las personas

El verdadero líder siempre hace participar a otras personas. (Como dice el proverbio sobre liderazgo, si piensas que eres un líder y nadie te sigue, estás solo dando un paseo.) La gente no confía en líderes que se sabe que tienen grietas en sus caracteres.

4. Los líderes no pueden ir más allá de los límites de su carácter

¿Has visto alguna vez a personas altamente talentosas que repentinamente se desmoronaron cuando lograron cierto nivel de éxito?

La clave de este fenómeno es el carácter. Steven Berglas, sicólogo de la Escuela de Medicina de Harvard y autor de *El síndrome del éxito*, dice que la gente que alcanza grandes alturas pero carece de un carácter sólido que los sostenga a través del estrés, van de cabeza al desastre. Él cree que su destino está determinado por una o más de las siguientes características: arrogancia, profundos sentimientos de soledad, una búsqueda destructiva de aventuras, o adulterio. Cada una constituye un precio muy alto a pagar por un carácter débil.

R E F L E X I O N E M O S

Si crees que una de estas cuatro características que identifica Berglas te ha absorbido, tómate un descanso. Haz lo que sea para alejarte de algunos de los estrés de tu éxito, y busca ayuda profesional. No pienses que el valle en el que ahora estás pasará con el tiempo, con más dinero, o con un aumento de prestigio. Las grietas no detectadas en el carácter solo se profundizan más y se vuelven más destructivas con el tiempo.

Aun si no tienes conflictos con algunas de estas cuatro áreas debes de todos modos examinar la condición de tu carácter. Pregúntate si normalmente tus palabras y acciones concuerdan. Cuando dices que vas a terminar un trabajo, ¿siempre lo terminas? Si le dices a tu hijo que vas a asistir a su recital o a su juego de pelota, ¿estarás allí? ¿Puede la gente confiar en tu apretón de manos como si se tratara de cerrar un contrato?

Cuando guíes a otros en la casa, el trabajo, la comunidad, reconoce que tu carácter es tu más importante posesión. G. Alan Bernard, presidente de Mid Park Inc., afirmó: «El respeto que se merece el liderazgo requiere que la ética sea intachable. Un líder no solo está por encima de la línea entre lo correcto y lo erróneo, sino que su posición debe ser bien clara en las "áreas grises"».

C O N V E N C I M I E N T O

Para mejorar tu carácter haz lo siguiente:

- *Busca las grietas*. Pasa algún tiempo reflexionando sobre las principales áreas de tu vida (trabajo, matrimonio, familia, servicio, etc.), identifica cualquier aspecto que hayas pasado por alto y en el que hayas transigido o que no hayas cumplido con la gente.
Anota cada caso que puedas recordar durante los dos últimos meses.

- *Busca patrones*. Examina la respuesta que acabas de escribir. ¿Hay alguna área en particular donde tengas una debilidad o tengas algún tipo de problema que sea recurrente? Los patrones detectables te ayudarán a diagnosticar asuntos de carácter.

- *Afronta las consecuencias*. El comienzo de la reparación del carácter viene cuando enfrentas tus defectos, te disculpas y tratas con las consecuencias de tus acciones. Haz una lista de las personas con las que necesitas disculparte por tus acciones, y hazlo con sinceridad.

- *Reconstruye*. Una cosa es afrontar tus acciones pasadas, otra es construir un nuevo futuro. Ahora que has identificado las áreas de debilidad, formula un plan que te prevenga de volver a cometer los mismos errores.

PARA EXTRAER DIARIAMENTE

Un hombre llevó a su pequeña hija a un parque de diversiones y ella inmediatamente corrió a un quiosco y pidió un algodón de azúcar. Cuando el dependiente le entregó una inmensa bola de algodón, el padre le preguntó: «Cariño, ¿estás segura que puedes comértelo todo?»

«No te preocupes, papá» le respondió ella. «Soy mucho más grande por dentro que por fuera».

Eso es lo que el verdadero carácter es; más grande por dentro.

CARISMA:
LA PRIMERA IMPRESIÓN PUEDE
SER DETERMINANTE

¿Cómo puedes tener carisma? Preocúpate más en hacer que otros se sientan bien consigo mismos que hacerlos sentir bien contigo.

—*Dan Reiland,*
vice presidente de desarrollo de liderazgo, INJOY

Aún no encuentro al hombre que, por alta que sea su posición, no haya hecho un mejor trabajo o no haya puesto un mayor esfuerzo bajo un espíritu de aprobación que bajo un espíritu de crítica.

—*Charles Schwab, industrial*

El hombre más listo de Inglaterra

Durante la segunda mitad del siglo XIX, dos hombres fuertes compitieron por el liderazgo del gobierno de Gran Bretaña: William Gladstone y Benjamín Disraeli. Los dos políticos eran rivales formidables. El siguiente comentario de Disraeli te permitirá entender cómo se sentía uno respecto del otro:

«¿La diferencia entre una desgracia y un desastre? Si Gladstone se cayera al río Támesis, sería una desgracia; pero si alguien lo sacara, sería un desastre».

Mucha gente cree que Gladstone, líder del Partido Liberal por tres décadas, personificaba las mejores cualidades de la Inglaterra victoriana. Era un servidor público profesional, un gran orador, especialista en finanzas y un hombre de moral intachable. Fue primer ministro del Reino Unido por cuatro períodos diferentes, la única persona en la historia de la nación en lograr tal honor. Bajo su liderazgo, Gran Bretaña estableció un sistema de educación nacional, instituyó reformas parlamentarias, y vio cómo se permitía votar a un número importante de gente de las clases obreras.

Benjamín Disraeli, quien sirvió dos veces como primer ministro tenía un trasfondo diferente. Entró a la política cuando tenía unos treinta años, haciéndose de una reputación como diplomático y reformador social. Pero su más grande logro fue dirigir la compra por parte de Inglaterra de acciones en el canal de Suez.

Aunque ambos hombres hicieron mucho por Gran Bretaña, lo que los separaba realmente como líderes era su acercamiento a la gente.

La diferencia puede ser ilustrada por una historia contada por una joven que cenó con cada uno de ellos en dos noches consecutivas. Cuando se le preguntó su impresión de ellos, dijo: «Cuando salí del salón después de haber estado sentada cerca del señor Gladstone, creía que él era el *hombre* más inteligente de Inglaterra. Pero después de haber estado sentada cerca del señor Disraeli, creía que yo era la *mujer* más inteligente de

Inglaterra». Disraeli poseía la cualidad de atraer a la gente y hacer que quisieran seguirlo. Tenía carisma.

AL GRANO

La mayoría de la gente piensa que el carisma es algo místico, casi indefinible. Que es una cualidad que se trae de nacimiento y que, por lo tanto, no se puede adquirir. Pero eso no es cierto.

El carisma, dicho claramente, es la habilidad de atraer a la gente. Y como otras características del carácter, se puede desarrollar.

Para hacer de ti la clase de persona que atrae a otros, necesitas:

1. Amar la vida

A la gente le agradan los líderes que aman la vida. Piensa en las personas con quienes te gusta pasar tiempo. ¿Cómo las describirías? ¿Gruñones? ¿Amargados? ¿Depresivos? Por supuesto que no. Son alegres, optimistas, no quejosos. Son apasionados por la vida. Si quieres atraer a los demás, tienes que ser como la gente con la que te gusta estar. El evangelista del siglo XVIII Juan Wesley lo reconoció cuando dijo: «Cuando te prendes fuego, a la gente le gusta venir y ver como te quemas».

2. Pon un «10» en la cabeza de cada persona

Una de las mejores cosas que puedes hacer por la gente (que también las atrae hacia ti) es esperar lo mejor de ellos. Yo le llamo a esto poner un «10» en la cabeza de cada persona. Esto ayuda a los demás a pensar más alto de sí mismos, y al mismo tiempo te ayuda a ti. Según Jacques Wiesel: «Un estudio hecho a 100 personas que llegaron a ser millonarios mostró un denominador común. Estos hombres y mujeres altamente exitosos veían solo lo bueno de los demás».

Benjamín Disraeli entendió y practicó este concepto, y este fue uno de los secretos de su carisma. Una vez dijo: «El mayor bien que usted puede hacer por otro no es mostrarle sus riquezas sino revelarle las de él». Si aprecias a los demás, estimúlalos y ayúdalos a alcanzar su potencial. Te amarán por eso.

3. Darle esperanza a la gente

Para el general francés Napoleón Bonaparte los líderes son «distribuidores de esperanza». Como todos los grandes líderes él sabía que la esperanza es la mayor de todas las posesiones. Si tú puedes ser la persona que otorga esa dádiva a otros, ellos serán atraídos a ti, y estarán siempre agradecidos.

4. Darte a los demás

Las personas aman a los líderes que comparten lo que son y que dan el tiempo que les pertenece. Al dirigir a otros, date a ti mismo. Comparte sabiduría, recursos, e incluso ocasiones especiales. Esta es una de las cosas favoritas que yo hago. Por ejemplo, recientemente fui a un festival anual de narración de cuentos en Jonesborough, Tennessee. Esto era algo que desde hacía años quería hacer, y cuando finalmente lo pude incluir en mi agenda, mi esposa Margaret y yo llevamos con nosotros a dos líderes de mi personal con sus esposas. Pasamos un tiempo maravilloso y, más importante aún, pude añadir valor a sus vidas al pasar un tiempo especial con ellos.

Cuando se trata de carisma, lo fundamental es la disposición hacia los demás. Los líderes que piensan en otros y en sus intereses antes de pensar en ellos mismos, muestran carisma.

Reflexionemos

¿Cómo te evaluarías en cuanto a carisma? ¿Atraes a ti naturalmente a otras personas? ¿Le caes bien a la gente? Si no, quizás tengas alguno de estos impedimentos:

Orgullo. Nadie quiere seguir a un líder que piensa que él es mejor que todos.

Inseguridad. Si no te aceptas a ti mismo, los demás tampoco te aceptarán.

Reserva. Si la gente nunca sabe qué esperar de ti, dejará de esperar algo.

Perfeccionismo. Las personas respetan el deseo de excelencia pero rechazan totalmente las expectativas irreales.

Cinismo. Las personas no quieren ser influídas por alguien que ve una tormenta detrás de cada nube.

Si puedes mantenerte alejado de estas características, puedes cultivar el carisma.

CONVENCIMIENTO

Para mejorar tu carisma, haz lo siguiente:

- *Cambia tu enfoque.* Durante los próximos dos o tres días, observa la forma en que interactúas con los demás. Al hablar con otros observa cuánto de tu conversación está centrada en ti mismo. Decide inclinar la balanza en favor de centrarte en los demás.

- *Practica el juego de la primera impresión.* Haz un experimento. La próxima vez que te encuentres con alguien por primera vez, haz todo lo posible por dar una buena impresión. Apréndete su nombre. Concéntrate en lo que le interesa. Sé positivo. Y lo que es más importante, trátalo como un personaje. Si puedes hacer esto por un día, lo podrás hacer todos los días. Y esto aumentará tu carisma.

- *Comparte de ti mismo.* Que el compartir tus recursos con los demás sea tu objetivo a largo plazo. Busca la manera de añadir valor a las vidas de cinco personas este año. Puede tratarse de miembros de tu familia, compañeros, empleados o amigos. Provee recursos para ayudarlos a crecer personal y profesionalmente, y comparte tu vida personal con ellos.

PARA EXTRAER DIARIAMENTE

A Perle Mesta, la anfitriona más conocida de Washington desde Dolley Madison, se le peguntó el secreto de su éxito en lograr que tanta gente rica y famosa asistiera a sus fiestas. «Todo
está en la bienvenida y en la despedida», contestó. Cuando llega un huésped, ella lo saluda diciendo: «¡Al fin estás aquí!» y
cada vez que alguien se va, le dice: «¡Siento que se tenga que ir
tan temprano!» Su agenda era concentrarse en los demás, no en
ella misma. Eso es carisma.

COMPROMISO:

ES LO QUE SEPARA A LOS HACEDORES

DE LOS SOÑADORES

La gente no sigue a los líderes no comprometidos. El compromiso puede mostrarse en un amplio rango de aspectos que incluyen las horas de trabajo que decides emplear, cómo trabajas para mejorar tus capacidades, o qué es lo que haces por tus compañeros en materia de sacrificio personal.

—*Stephen Gregg*
Presidente de Ethix Corp.

El que ha hecho lo mejor para su propio tiempo, ha vivido para todos los tiempos.

—*Johann von Schiller, Dramaturgo*

MUCHO ANTES DE SU TIEMPO

Hace algunos años, mi esposa Margaret y yo tuvimos la oportunidad de ir de vacaciones a Italia. Nuestras dos prioridades mayores eran la comida y el arte. Para encontrar la comida más fina, hablamos con amigos que habían estado allí. Para ver las obras de arte más finas pedimos la ayuda de un guía fantástico que es un comprador del Museo de Arte Metropolitano de Nueva York. Durante esa gira vimos muchas piezas de arte realmente grandiosas. Pero ninguna me impresionó tanto como el *David* de Miguel Ángel. Fue entonces que entendí por qué se la conoce como una obra maestra.

Miguel Ángel vivió una vida increíble. Posiblemente el artista más grande de la civilización occidental, y por cierto, el más influyente, nació para hacer esculturas. Una vez dijo que su amor por las herramientas de cantería nació en la época misma cuando lo amamantaban. Su primera obra maestra la esculpió a los veintiún años. Y antes de los treinta terminó *La Piedad* y *David*.

Precisamente cuando tenía unos treinta años fue llamado a Roma por el Papa Julio II para que esculpiera una espléndida tumba papal, pero después se le pidió que en lugar de eso, trabajara en un proyecto de pintura. Al principio, Miguel Ángel quería negarse porque no le simpatizaba la idea de pintar una docena de personajes en el techo de una pequeña capilla del Vaticano.

Aun cuando había aprendido a pintar desde que era un niño, su pasión era la escultura. Sin embargo, cuando el Papa lo presionó, accedió de mala gana.

Los expertos creen que los rivales de Miguel Ángel ejercieron presión para que le dieran el trabajo, esperando que rehusara y perdiera el favor del Papa o lo tomara y se desacreditara. Pero una vez que Miguel Ángel aceptó realizar el trabajo, se comprometió consigo mismo a terminarlo, ampliando incluso el proyecto de una simple pintura de los doce apóstoles a más de cuatrocientos personajes y nueve escenas del libro de

Génesis. Durante cuatro agotadores años el artista (tendido sobre su espalda) pintaba el techo de la Capilla Sixtina. Fue sumamente alto el precio que tuvo que pagar por realizar aquella obra. El intenso trabajo afectó sus ojos, dañándoselos permanentemente. Miguel Ángel dijo: «Después de cuatro torturantes años, más de cuatrocientas figuras de un tamaño superior al de la vida real, me sentí tan viejo y cansado como Jeremías. Tenía solo treinta y siete años, pero mis amigos no reconocían al viejo en que me había convertido».

El impacto de la dedicación de Miguel Ángel fue amplio. Complació a su benefactor, el Papa, y recibió otras encomiendas del Vaticano. Pero lo más importante es que hizo un tremendo impacto en la comunidad artística. Sus frescos de la Capilla Sixtina estaban tan intrépidamente pintados, eran tan originales y tan exquisitamente ejecutados que hicieron que muchos artistas, incluyendo al dotado pintor Rafael, alteraran sus propios estilos. Los historiadores de arte sostienen que la obra maestra de Miguel Ángel cambió para siempre el curso de la pintura en Europa. Y esto sentó las bases para su impacto igualmente importante sobre la escultura y la arquitectura.

Sin duda, el talento de Miguel Ángel creó el potencial para su grandeza, pero sin su dedicación, su influencia hubiera sido mínima.

El nivel de dedicación puede verse en su atención a los finos detalles, así como a la visión de conjunto. Cuando le preguntaron por qué trabajaba con tanto ahínco sobre una esquina oscura de la Capilla Sixtina que nadie podría nunca ver, la simple respuesta de Miguel Ángel fue: «Dios la verá».

AL GRANO

El mundo nunca ha visto a un gran líder que carezca de compromiso. Ed McElroy de la fuerza aérea de los Estados Unidos habló de esta importancia: «El compromiso nos da nueva fuerza. No importa lo que pueda venir: enfermedad, pobreza, o desastre, nunca quitamos la vista del objetivo».

¿Qué es compromiso? Para cada persona significa algo diferente:

Para un boxeador, es levantarse de la lona una vez más de las que ha sido tumbado.

Para un maratonista, es correr otras diez millas, cuando ya no le quedan fuerzas.

Para el soldado, es subir la colina, sin saber lo que le espera del otro lado.

Para el misionero, es decir adiós a su propia comodidad, para hacer a otros la vida mejor.

Para el líder, es todo eso y más porque cada uno de los que diriges está dependiendo de ti.

Si quieres ser un líder efectivo, tienes que comprometerte.

El verdadero compromiso inspira y atrae a la gente. Les muestra que tienes convicciones. Ellos creerán en ti solo si tú crees en tu causa. Como sucede con la ley no escrita, la gente acepta primero al líder, después su visión.

¿Cuál es la verdadera naturaleza del compromiso? Echa un vistazo a tres observaciones.

1. El compromiso empieza en el corazón

Algunas personas quieren que todo sea perfecto antes de comprometerse con algo. Pero el compromiso siempre precede a la acción. Dicen que en el Derby de Kentucky, el caballo ganador se queda sin oxígeno después de la primera media milla, y el resto de la distancia la corre con el corazón. Es por eso que todos los grandes atletas reconocen su importancia. Michael Jordan, leyenda de la NBA explica que «el corazón es lo que separa lo bueno de lo grande». Si quieres influir en la vida de *otras* personas como líder, mira dentro de tu corazón para ver si estás realmente comprometido.

2. El compromiso se prueba con la acción

Una cosa es hablar de compromiso y otra muy diferente es hacer algo en cuanto a esto. La única medida *real* del compromiso es la acción. Arthur Gordon lo dijo así: «Nada es más fácil que pronunciar palabras. Nada es más difícil que vivirlas día tras día».

Alguien me contó de un juez que había ganado una elección para un cargo en un condado. Durante su discurso de aceptación, dijo: «Quiero dar las gracias a las 424 personas que prometieron votar por mí. Quiero dar las gracias a las 316 personas que dijeron que votaron por mí. Quiero dar las gracias a las 47 personas que vinieron el pasado jueves a votar, y quiero agradecer a las 27 que realmente votaron por mí». ¿Cómo te va cuando tienes que seguir adelante con tus propios compromisos?

3. El compromiso abre la puerta del logro

Como líder, enfrentarás muchos obstáculos y oposiciones, si es que no los has enfrentado ya. Habrá momentos en que el compromiso será lo único que te impulse hacia adelante. David McNally comentó: «El compromiso es el enemigo de la resistencia, porque es la promesa seria que nos presiona, que nos levanta, no importa cuántas veces nos hayan derribado». Si quieres llegar a algún lugar que valga la pena, tienes que comprometerte.

REFLEXIONEMOS

Cuando se trata de compromiso, hay realmente solo cuatro tipos de personas.

1. *Los que no tienen objetivos* y no se comprometen.
2. *Los que no saben si pueden alcanzar sus objetivos*, por lo que tienen miedo de comprometerse.
3. *Los que empiezan a caminar hacia un objetivo* pero se rinden cuando la situación se pone difícil.
4. *Los que fijan metas*, se comprometen con ellas y pagan el precio por alcanzarlas.

¿Qué tipo de persona eres tú? ¿Has estado alcanzando tus objetivos? ¿Estás logrando todo lo que crees que puedes? ¿Cree la gente en ti y te siguen fácilmente? Si tu respuesta a alguna de estas preguntas es no, el problema puede ser tu nivel de compromiso.

CONVENCIMIENTO

Para mejorar tu compromiso, haz lo siguiente:

- *Mídelo*. A veces *pensamos* que estamos comprometidos con algo, pero nuestras acciones indican lo contrario. Toma tu calendario y tu chequera. Invierte algunas horas revisando cómo gastas tu tiempo y dónde gastas tu dinero. Mira cuánto tiempo inviertes en el trabajo, en el servicio a otros, con la familia, en actividades de salud y recreativas, y así por el estilo. Calcula cuánto dinero gastas en vivir, en pasatiempos, en desarrollo personal, y en dar. Todas estas son una medida real de tu compromiso. Puede que te sorprendas de lo que descubras.

- *Asegúrate de saber por qué es que vale la pena morir*. Una de las preguntas que cada líder tiene que hacerse es, ¿qué es por lo que estoy dispuesto a morir? Si llegas hasta ahí, ¿qué es lo que en la vida no serías capaz de dejar de hacer no importa cuáles sean las consecuencias? Pasa algún tiempo meditando en esto. Escribe lo que descubras. Luego ve si tus acciones están en concordancia con tus ideales.

- *Usa el método Edison*. Si dar el primer paso hacia el compromiso es un problema, trata de hacer lo que hizo Thomas A. Edison. Cuando tenía alguna idea nueva para un invento, llamaba a una conferencia de prensa y anunciaba el invento. En seguida tenía que irse a su laboratorio a inventarlo. Haz tus planes públicos, y estarás más comprometido a llevarlos a cabo.

PARA EXTRAER DIARIAMENTE

Cuando tenía quince años de edad, el ex jugador profesional de básquetbol Bill Bradley asistió a un campamento de verano de básquetbol dirigido por Ed Macauley. Durante ese campamento Macauley hizo una afirmación que cambió la vida de Bradley: «Solo recuerda que si no estás jugando al máximo de tu capacidad, habrá alguien fuera de allí, en algún lugar, con iguales capacidades. Y algún día jugarán entre sí, y él tendrá la ventaja». ¿Cómo te mides tomando este ejemplo?

C O M U N I C A C I Ó N :

S I N   E L L A ,   V I A J A S   S O L O

Desarrollar excelentes habilidades de comunicación es esencial para el liderazgo efectivo. El líder tiene que ser capaz de compartir conocimientos e ideas para trasmitir un sentido de urgencia y entusiasmo a otros. Si no puede hacer comprender un mensaje claramente y motivar a otros a actuar, entonces no tiene sentido tener un mensaje.

—*Gilbert Amelio,*
presidente de la National Semiconductor Corp.

Los educadores toman algo simple y lo vuelven complicado. Los comunicadores toman algo complicado y lo hacen simple.

—*John C. Maxwell*

UN GRAN COMUNICADOR
EN CUALQUIER CIRCUNSTANCIA

Muchos presidentes de los Estados Unidos han hecho un impacto tremendo como grandes comunicadores. John F. Kennedy, Franklin D. Roosevelt y Abraham Lincoln vienen a mi mente como destacados ejemplos. Pero solo a un presidente en el lapso de nuestra vida se le ha llamado el Gran Comunicador, y ese fue Ronald Reagan.

Temprano en su carrera se reveló el talento de Reagan para comunicar. Comenzó en la radio. Cuando tenía como veinte años, rápidamente se convirtió en uno de los mejores narradores del oeste medio. Generalmente narraba juegos en vivo, pero ocasionalmente simulaba la trasmisión de un juego de los Cachorros de Chicago usando reportes de la Western Union de cada juego. Durante uno de esos juegos, el cable que llegaba a él se cortó, mientras Augie Galan estaba al bate en una situación difícil. Ronald Reagan hábilmente mantuvo a Galan bateándole foul tras foul al pitcher durante un pitcheo imaginario de *seis minutos* hasta que pudo reanudar los detalles del juego.

A lo largo de su carrera, Reagan demostró una habilidad poco común para relacionarse y comunicarse con la gente. Nunca fue esto más evidente que durante el tiempo que aspiraba a la presidencia y cuando ya estaba en la Casa Blanca. Mientras en 1980 anunciaba su candidatura para la presidencia, lanzó la visión para su campaña clara y simplemente, diciendo: «En el centro de nuestro mensaje deben haber cinco sencillas palabras familiares. No grandes teorías económicas. No sermones sobre filosofías politicas. Solo cinco cortas palabras: *familia, trabajo, vecindario, libertad, paz*».

Durante su campaña, Reagan debatió exitosamente con su contrincante Jimmy Carter. El antiguo gobernador de California se mostró como un americano medio tranquilo, simpático y competente. Ganó con facilidad. Más tarde cuando se le preguntó si se había puesto nervioso debatiendo con el presidente,

Reagan respondió: «No, no del todo. He estado en el mismo escenario con John Wayne».

Ya sea que estuviera hablando a un grupo, mirando a la cámara, o hablando cara a cara con alguien, Reagan era capaz de comunicarse con la máxima efectividad. Aun cuando baleado lo llevaban a la sala de operaciones, su objetivo era hacer que los otros se sintieran tranquilos. Su comentario con el cirujano fue:

«Por favor asegúrenme que todos ustedes son republicanos».

Reagan fue un buen ejecutivo porque poseía una clara visión, hacía decisiones fácilmente, y delegaba con mucha efectividad. Pero fue un gran líder debido a su habilidad sobrenatural para comunicarse.

Cuando llegó a dirigir el país, la gente sabía quién era él, dónde estaba situado, y qué quería, y no vacilarían en subir a bordo con él. La comunicación lo hizo el tipo de líder que la gente quería seguir.

AL GRANO

Aun cuando no pretendas dirigir al país, como hizo Ronald Reagan, aún así necesitas poseer su habilidad para comunicarte. El éxito de tu matrimonio, tu trabajo, y tus relaciones personales depende de esto. La gente no te seguirá si no saben lo que quieres o a dónde vas.

Tú puedes ser un comunicador efectivo si sigues cuatro verdades básicas.

1. Simplifica tu mensaje

La comunicación no es solo lo que se dice. Es también cómo se dice. Contrario a lo que algunos educadores enseñan, la clave para la comunicación efectiva es la simplicidad. Olvídate de impresionar a la gente con grandes palabras u oraciones complejas. Si quieres relacionarte con las personas sé sencillo. Napoleón Bonaparte acostumbraba decir a sus secretarios: «Sea claro, sea claro, sea claro».

Una anécdota sobre un secretario ejecutivo recién nombrado nos da una pauta para una comunicación efectiva. Lo invitaron a hablar a un grupo grande por primera vez, por lo que se acercó a su mentor pidiéndole consejos sobre como dar un buen discurso. El hombre, mayor que él, le dijo: «Escribe una apertura estimulante que pueda cautivar a todos en la audiencia. Después escribe un resumen y una conclusión dramáticos que haga que la gente desee actuar. Después pónlos tan juntos como sea posible».

2. Mira a la persona
Los comunicadores efectivos se concentran en las personas con las que se están comunicando. Saben que es imposible comunicarse con efectividad con una audiencia sin saber algo sobre ellos.

Cuando te comuniques con las personas, ya sean individuos o grupos, hazte estas preguntas: ¿Quién es mi audiencia? ¿Cuáles son sus preguntas? ¿Cuáles son las necesidades a suplir? y, ¿Cuánto tiempo tengo? Si quieres llegar a ser un mejor comunicador, déjate orientar por la audiencia. La gente cree en los grandes comunicadores porque los grandes comunicadores creen en la gente.

3. Muestra la verdad
La credibilidad precede a la gran comunicación. Hay dos formas de transmitir credibilidad a tu audiencia. Primero, cree en lo que dices. Personas comunes se convierten en comunicadores extraordinarios cuando son fervientes en sus convicciones. El mariscal de campo Ferdinand Foch observó: «El arma más poderosa sobre la tierra es el alma humana encendida». Segundo, vive lo que dices. No hay mayor credibilidad que la convicción en acción.

4. Busca una respuesta
Cuando te comuniques nunca olvides que el objetivo de toda comunicación es la acción. Si descargas un montón

de información sobre las personas, no estás comunicando. Cada vez que hables a la gente, dales algo que sentir, algo que recordar, y algo que hacer. Si tienes éxito al hacer esto tu habilidad para guiar a otros tomará otro nivel.

REFLEXIONEMOS

Dante Marquez hijo, presidente de MVM, Inc., ha dicho lo siguiente sobre la habilidad de un líder para comunicarse: «Un líder tiene que hacer que otros hagan las cosas; por lo tanto, tiene que tener la habilidad de inspirar y motivar, guiar y dirigir, y escuchar. Es solo a través de la comunicación que el líder es capaz de provocar que otros interioricen su visión y la pongan en acción.

¿Cómo evalúas tu capacidad de comunicarte con otros? ¿Es la comunicación una prioridad para ti? ¿Puedes inspirar y motivar a otros? ¿Expresas tu visión de tal forma que la gente sea capaz de entenderla, asimilarla, e implementarla? Cuando hablas con las personas una por una, ¿eres capaz de establecer un vínculo con ellos?, ¿y con los grupos? Si sientes en tu corazón que tu visión es grande, y todavía la gente no la capta, tu problema puede ser una incapacidad para comunicarte efectivamente.

CONVENCIMIENTO

Para mejorar tu comunicación haz lo siguiente:

* *Sé claro como una campana.* Examina una carta, un memorándum u otro artículo que hayas escrito recientemente. ¿Son tus frases cortas y directas, o son vagas? ¿Serán capaces los lectores de captar las palabras que has escogido, o tendrán que leerte con un diccionario en la mano? ¿Has usado la menor cantidad de palabras posibles? Para un comunicador, los mejores amigos son la sencillez y la claridad.

Escribe tu próximo trabajo de comunicación teniendo ambas cosas en mente.

* *Reenfoca tu atención.* Durante la próxima semana, mientras comunicas, pon atención a tu enfoque. ¿Está puesto en ti, en tu material o en tu audiencia? Si no está puesto en las personas, necesitas cambiar eso. Piensa en sus necesidades, preguntas y deseos. Acércate a las personas donde están, y serás un mejor comunicador.

* *Vive tu mensaje.* ¿Hay alguna discrepancia entre lo que comunicas y lo que haces?

* Habla con algunas personas confiables y pregúntales si creen ellos que estás viviendo tu mensaje. Tu esposa, un consejero, o un amigo cercano pueden ver cosas a las cuales tú eres ciego. Recibe sus comentarios sin ponerte a la defensiva. Hazte el propósito de hacer cambios en tu vida para ser más consecuente.

PARA EXTRAER DIARIAMENTE

El 7 de abril de 1865, el presidente Abraham Lincoln tomó una difícil decisión, y necesitó comunicársela a su general en el campo. En ella descansaban todas sus esperanzas y todo el peso de su liderazgo como presidente. Usando toda su habilidad como comunicador, escribió el siguiente mensaje:

Tte. Gral. Grant,
El Gral. Sheridan dice: «Si la cosa se pone difícil, creo que Lee se rendirá». Deje que la cosa se ponga difícil.
A. Lincoln

El presidente no permitió que la importancia de una comunicación afectara su sencillez. Nosotros tampoco deberíamos permitirlo.

C A P A C I D A D :

S I   L A   D E S A R R O L L A S ,   E L L O S   V E N D R Á N

La capacidad va más allá de las palabras. Es la
habilidad del líder de decirlo, planearlo, y
hacerlo de tal forma que otros sepan que tú
sabes cómo, y sepan que te quieren seguir.

—John C. Maxwell

La sociedad que desprecia la excelencia en
plomería, porque la plomería es una actividad
humilde, y tolera la falsedad en la filosofía
porque la filosofía es una actividad elevada, no
tendrá ni buena plomería ni buena filosofía. Ni
sus tubos, ni sus teorías retendrán el agua.

—John Gardner, Autor

FANFARRIA PARA UN HOMBRE COMÚN

Benjamín Franklin siempre se consideró un ciudadano común. Uno de diecisiete hijos, su padre era comerciante, fabricante de velas que estaba muy lejos de ser adinerado. Tuvo una niñez típica, asistió a la escuela por solo dos años y ya a la edad de doce años trabajaba con su hermano como aprendiz en el oficio de imprenta.

Franklin trabajó duro y vivió una vida sencilla. Gobernaba sus acciones de acuerdo con trece virtudes, basado en las cuales se evaluaba diariamente. A la edad de veinte años comenzó su propio negocio de imprenta. Si hubiera estado satisfecho con lo que había alcanzado, su nombre habría sido poco más que una nota de pie de página en la historia de Filadelfia. Sin embargo, vivió una vida extraordinaria. Fue uno de los padres de la independencia de los Estados Unidos y un gran líder de la nación que nacía. Fue coautor de la Declaración de Independencia, y más tarde ayudó a escribir el Tratado de París y la Constitución de los Estados Unidos. (Fue el único que firmó los tres tratados.) Durante la guerra, fue seleccionado para llevar a cabo en París una misión diplomática secreta difícil y peligrosa, con el fin de buscar apoyo militar y financiero para la Revolución.

¿Qué fue lo que le dio a un comerciante norteño la oportunidad de ejercer tanta influencia entre los terratenientes adinerados, predominantemente sureños, que encabezaban la guerra de independencia? Creo que fue su increíble capacidad de trabajo.

Por siete décadas, sobresalió en todo lo que tocó. Cuando en 1726 comenzó su propio negocio de imprenta, la gente creía que Filadelfia no podía sostener a un tercer impresor, pero él estableció rápidamente una reputación como el más habilidoso y activo impresor de la ciudad. Pero este logro tampoco lo dejó satisfecho.

Franklin era curioso, y continuamente buscaba formas de mejorar, tanto a él como a otros. Expandió su imprenta al área de edición. Así, publicó el destacado *Almanaque del pobre*

Richard. Hizo importantes experimentos con la electricidad y acuñó muchos términos que siguen en uso hasta hoy. Inventó numerosos artículos tales como la estufa, el catéter, y los bifocales. Y como viajaba frecuentemente por el Océano Atlántico, se encargó de trazar la carta de la Corriente del Golfo. Su actitud hacia la vida podía verse en un aforismo que escribió para su almanaque:

«No escondas tus talentos. Fueron hechos para usarlos. ¿Qué podrá hacer un reloj de sol en la sombra?»

Las evidencias de los talentos de Franklin fueron muchas. Ayudó a establecer la primera biblioteca de Filadelfia. Inició el primer departamento de bomberos de la nación. Desarrolló el concepto de aprovechar mejor la luz del día. Y tuvo muchos cargos de servicio al gobierno.

Pero más que nada, se le reconoce por su habilidad. A veces, sin embargo, tenía que dejar que su capacidad hablara por sí misma. En cierta ocasión en que trabajaba en el mejoramiento de la agricultura descubrió que la argamasa hacía que los granos y la hierba crecieran mejor. Pero sus vecinos no eran gente fácil de convencer. ¿Qué hizo, entonces? Cuando llegó la primavera, fue a un pedazo de suelo junto al camino, con sus propias manos cabó surcos en forma de letras, puso argamasa y luego esparció semilla de pasto en los surcos. En las semanas siguientes, cuando la gente pasaba por allí, podía ver letras verdes que crecían más brillantes que el resto del campo. Y pudieron leer: «Esto ha sido abonado con argamasa». La gente captó el mensaje.

AL GRANO

Todos admiramos a las personas que muestran gran capacidad, ya sean artesanos de precisión, atletas mundiales u hombres de negocios. Pero la verdad es que tú no tienes que ser un Fabergé, un Michael Jordan o un Bill Gates para destacarte en el área de tu capacidad. Si quieres cultivar esa cualidad, aquí está lo que necesitas hacer.

1. Revélate cada día

Hay un dicho que dice: «Todas las cosas llegan para el que sabe esperar». Desafortunadamente a veces son solo las sobras de las personas lo que llega primero. La gente responsable se revela cuando se espera que lo haga. Pero las personas altamente competentes van un paso más allá. No se aparecen en cuerpo solamente. Vienen preparados para actuar cada día, sin importar cómo se sienten, las circunstancias por las que están pasando, o lo difícil que pudiera parecer el juego.

2. Mantente mejorando

Como Benjamín Franklin, las personas altamente competentes están buscando siempre maneras de aprender, crecer y mejorar. Lo hacen preguntando *por qué*. Después de todo, la persona que sabe *cómo*, siempre tendrá un trabajo, pero la persona que sabe *por qué* siempre será el jefe.

3. Busca siempre la excelencia

Nunca me he encontrado con una persona que se considere competente que no continúe siéndolo. Apuesto que lo mismo te ha pasado a ti. Willa A. Foster decía: «La excelencia nunca es un accidente; siempre es el resultado de una elevada intención, un esfuerzo sincero, una dirección inteligente y una ejecución habilidosa; representa la elección sabia entre muchas alternativas».

Actuar con un elevado nivel de excelencia es siempre una elección, un acto de la voluntad. Como líderes, esperamos que nuestra gente haga lo que tiene que hacer cuando le pasemos la bola. Ellos esperan eso y mucho más que eso de nosotros como su líderes.

4. Logra más de lo esperado

La gente altamente competente siempre corre una milla extra. Para ellos lo suficientemente bueno nunca es suficientemente bueno. En *El hombre en su crisis de media vida*, Jim Conway escribe *que* hay personas que sienten *«un debilitamiento de la necesidad de ser un gran hombre, y un sentimiento creciente* de «vamos a salir de esto lo mejor que podamos». No les importa no correr la carrera completa. Terminan el juego sin haber marcado un tanto. Los líderes no pueden darse el lujo de tener esa clase de actitud. Necesitan hacer el trabajo, todos los días».

5. *Inspira a otros*
Los líderes altamente competentes hacen más que actuar al más alto nivel. Inspiran y motivan a su gente a hacer lo mismo. Mientras que algunos dependen solo de habilidades relacionales para sobrevivir, los líderes efectivos combinan esas habilidades con una elevada capacidad para llevar sus organizaciones a nuevos niveles de exelencia e influencia.

R E F L E X I O N E M O S

¿Con qué actitud enfrentas el trabajo? ¿Haces todo con entusiasmo y al más alto nivel posible? ¿O a veces sientes que lo suficientemente bueno es suficientemente bueno?

Cuando piensas en personas capaces, estás considerando solo tres tipos de personas:

1. Los que pueden ver lo que debe suceder.

2. Los que pueden hacer que suceda.

3. Los que pueden hacer que las cosas sucedan cuando de veras importe que sucedan.

En cuanto a tu profesión, ¿cuándo actúas consecuentemente? ¿Eres un pensador, un ejecutor o un jugador clave? Mientras mejor seas, más grande será el potencial de influencia que tendrás entre tu gente.

C O N V E N C I M I E N T O

Para mejorar tu excelencia, haz lo siguiente:

- *Pon la cabeza en el juego*. Si estás mental o emocionalmente ausente de tu trabajo, es tiempo de que te comprometas otra vez. Primero, rededícate a tu trabajo. Determina darle una apropiada cantidad de atención exclusiva. Segundo, averigua por qué has estado ausente de tu trabajo. ¿Necesitas nuevos retos? ¿Estás en conflicto con tu jefe o compañeros de trabajo? ¿Estás en un trabajo que te parece un callejón sin salida? Identifica la fuente del problema, y establece un plan para resolverlo.

- *Redefine el nivel*. Si no te estás desarrollando siempre a un nivel alto, examina de nuevo tus objetivos. ¿Estás apuntando demasiado abajo? ¿Estás tomando atajos? Si es así, aprieta tu botón mental, reorganízate y traza expectativas más exigentes.

- *Busca tres medios para mejorar*. Nadie se mantiene mejorando si no tiene intención de hacerlo. Haz una pequeña investigación para encontrar tres cosas que puedas hacer para mejorar tus habilidades profesionales. Luego, dedica tiempo y dinero para hacerlas.

PARA EXTRAER DIARIAMENTE

Leí un editorial en el *Texas Business* no hace mucho que decía, «Realmente somos la generación perdida, jadeando y resoplando a lo largo de la pista que nos lleva a ninguna parte, siempre buscando la dirección del dolar. Esa es la única meta que reconocemos. No tenemos creencias en qué basarnos, ni tampoco límites éticos».

Tú no eres mejor que tus parámetros privados. ¿Cuándo fue la última vez que hiciste un trabajo poniendo en él lo mejor de ti, aun cuando nadie, excepto tú, lo supo?

VALENTÍA:

UNA PERSONA CON VALENTÍA

ES MAYORÍA

La valentía es estimada correctamente como la primera de las cualidades humanas... porque es la que garantiza todas las demás.

—Winston Churchill, Primer Ministro Británico.

La valentía es el temor que ya ha hecho sus oraciones.

—Karl Barth, teólogo suizo

EL AS DE ASES

¿Qué tienen en común estos tres hombres?: El corredor de autos que estableció el récord mundial de velocidad en Daytona en 1914, el piloto que registró el número más alto de victorias en combate aéreo contra los alemanes en la Primera Guerra Mundial, y el secretario del consejero especial de guerra que sobrevivió a un desastre aéreo y a veintiún días en una balsa en el Pacífico durante la Segunda Guerra Mundial? Todos pasaron por circunstancias peligrosas. Todos mostraron valentía y nervios de acero bajo las más fuertes tensiones. Y es que todos eran la misma persona: Eddie Rickenbacker.

Para Eddie Rickenbacker nunca fue un gran problema enfrentar un reto físico, mental o económico.

Su padre murió cuando él tenía doce años, así es que tuvo que abandonar la escuela para convertirse en el principal sostén de la familia. Vendió periódicos, huevos y leche de cabras. Trabajó en una fundición y en fábricas de vidrios, cervezas y zapatos. Cuando era un adolescente comenzó a trabajar como mecánico de autos de carrera y a los veintidós comenzó a correrlos. Dos años más tarde estableció el record mundial de velocidad.

Cuando Estados Unidos entró en la Primera Guerra Mundial, Rickenbacker trató de alistarse como aviador pero estaba pasado de edad y no tenía educación suficiente; así es que entró como chofer, pero se las arregló para que sus superiores lo mandaran a entrenamiento de vuelo. A pesar de no tener la educación de sus compañeros, los aventajó a todos. Al final de la guerra había acumulado 300 horas de combate (siendo el mejor de todos los pilotos americanos), sobrevivió a 134 encuentros con el enemigo, reportó veintiséis muertes y ganó la Medalla de Honor, ocho Cruces de Servicio Distinguido y la Legión de Honor Francesa. También fue promovido a capitán y puesto al mando de un escuadrón.

Las proezas de Rickenbacker en el aire provocaron que la prensa lo apodara el «As de Ases americano». Cuando se le preguntó sobre su valor en combate admitió que había sentido miedo. «Valentía» dijo: «Es hacer lo que tienes miedo de hacer. No puede haber valentía si no estás atemorizado».

Después de la Primera Guerra Mundial, la valentía le sirvió de mucho al As de Ases. En 1933 se convirtió en el vicepresidente de la compañía Eastern Air Transport (más tarde Eastern Airlines). En aquel entonces todas las compañías aéreas existían porque eran subsidiadas por el gobierno. Pero Rickenbacker pensó que ellos debían ser autosuficientes. Decidió cambiar completamente la forma en que la compañía llevaba el negocio. En dos años hizo a la compañía rentable, la primera en la historia de la aviación. Cuando el presidente de los Estados Unidos canceló todos los contratos de correo aéreo con las compañías comerciales, él lo enfrentó, y ganó. Dirigió la Eastern por treinta años y se retiró a la edad de setenta y tres años. Cuando murió, diez años más tarde, su hijo William escribió: «Si él hubiera tenido una moto, esta es la frase que hubiera escuchado miles de veces: «¡Volaré cual un gato salvaje!»

AL GRANO

Cuando observas la vida de alguien como Eddie Rickenbacker, no puedes dejar de ver una tremenda valentía. Es fácil ver héroes en la guerra, pero también la valentía está presente en cada gran líder en los negocios, el gobierno y la iglesia. Cada vez que veas un progreso significativo en una organización, sabrás que el líder tomó decisiones valientes. La posición de líder no da a la persona valentía, pero la valentía le puede dar una posición de líder. Eso fue así en el caso del capitán Eddie Rickenbacker.

Larry Osborne hace la siguiente observación: «Lo más notable entre los líderes altamente efectivos es cuán poco tienen en común. Por lo que uno jura, el otro duda. Pero todos están dispuestos a arriesgarse».

Al enfrentar las decisiones difíciles que te desafíen, reconoce tres verdades sobre la valentía:

1. La valentía comienza con una batalla interior

Cada prueba que enfrentes como líder comienza en tu interior. La prueba de la valentía no es diferente. Como sicoterapista, Sheldon Kopp señala: «Todas las batallas importantes son libradas dentro de uno». La valentía no es la ausencia de temor, es hacer lo que se teme hacer. Es tener el poder de dejar lo conocido y avanzar con firmeza hacia un nuevo territorio. Esto fue cierto para Rickenbacker y puede serlo también para ti.

2. Valentía es hacer las cosas correctas, no simplemente dejarlas pasar

El líder de los derechos civiles Martin Luther King, dijo: «La medida suprema de un hombre no es dónde se encuentra en momentos de comodidad y conveniencia sino dónde se encuentra en momentos de reto y polémica». Los grandes líderes saben tratar a los demás y pueden hacer que otras personas se comprometan y trabajen juntos, pero también se arremangan cuando es necesario.

La valentía tiene que ver con los principios, no con la percepción. Si tú no tienes la habilidad de ver en qué momento debes hacerle frente a algo y la convicción de hacerlo, nunca serás un líder efectivo. Tu dedicación por alcanzar las metas finales tiene que ser más fuerte que tu deseo de calmar a los demás.

3. La valentía en un líder inspira el compromiso de los seguidores

«La valentía es contagiosa» afirma el evangelista Billy Graham. «Cuando un hombre valiente asume una posición, los demás lo siguen». Cuando una persona muestra valentía, los demás se sienten estimulados. Pero cuando un líder muestra valentía, los demás se inspiran. Esto es lo que hace que la gente quiera seguirlos. Mi amigo Jim Mellado comenta: «El liderazgo es la expresión de valentía que impulsa a la gente a hacer lo correcto».

4. Tu vida se expande en proporción a tu valentía

El temor limita a un líder. El historiador romano Tácito escribió: «El deseo de seguridad se levanta contra cualquier empresa grande y noble». Pero la valentía tiene el efecto contrario. Abre puertas y este es uno de sus beneficios más maravillosos. Quizás es por esto que el teólogo británico John Henry Newman dijo: «No le temas a que tu vida tenga un final, sino a que nunca tenga un principio». La valentía no solo te da un buen comienzo, sino que también te provee un mejor futuro.

Lo que es irónico es que aquellos que no tienen la valentía de arriesgarse y los que sí la tienen, experimentan la misma cantidad de temor en la vida. La única diferencia es que los que no se arriesgan se preocupan por cosas sin importancia. Si de todas formas vas a tener que vencer tu miedo y dudas podrías hacer que valga la pena.

R E F L E X I O N E M O S

Eleanor Roosevelt reconoció: «Ganas fuerza, valentía y confianza en cada experiencia que dejes de ver con temor. Eres capaz de decirte: «Viví a través de este horror; por lo tanto, puedo enfrentar lo próximo que venga». Tienes que hacer las cosas que piensas que no puedes hacer».

¿Cómo tratas de manejar el temor? ¿Lo abrazas? ¿Lo aceptas? ¿Son las situaciones de tensión parte de tu vida diaria? ¿O te has retirado a tu zona de seguridad que ni siquiera siente temor? ¿Cómo tienes que cambiar para desarrollar un espíritu de valentía en tu vida?

C O N V E N C I M I E N T O

Para mejorar tu valentía haz lo siguiente:

* *Enfrenta el temor*. Sal fuera y haz algo que te provoque, simplemente para desarrollar valentía. Bucea, habla frente al público (este es el temor mayor de la mayoría de la gente), actúa en una obra de teatro, escala una montaña o navega en balsa por los rápidos de un río. No importa lo que hagas con tal que lo que hagas te lleve a enfrentar un temor de verdad.

- *Háblale a esa persona.* La mayoría de la gente evita enfrentar a alguien en su vida; un empleado, un familiar o un compañero de trabajo. Si esto ocurre contigo, habla con esa persona esta semana. No lo atropelles ni lo irrespetes. Habla con la verdad en amor (no tendrá miedo de hacerlo si ya hiciste algo de lo descrito en el punto anterior).

- *Da un paso realmente grande.* Quizás hayas sentido miedo de hacer un cambio en tu carrera. Si has sentido en tu corazón que debes cambiar tu trabajo o comenzar un nuevo negocio, ahora es el tiempo de afrontarlo. Toma tiempo para analizarlo en profundidad. Habla con tu cónyuge, consejero, o uno o dos amigos de confianza. Si esto es lo correcto, hazlo.

PARA EXTRAER DIARIAMENTE.

Un predicador itinerante del siglo XIX llamado Peter Cartwright se estaba preparando para predicar un sermón cuando le dijeron que asistiría el presidente Andrew Jackson. Le pidieron que tuviera cuidado con sus comentarios. Durante el mensaje hizo la siguiente aclaración: «Me dijeron que Andrew Jackson estaría presente en este culto y me pidieron que cuidara mis comentarios. Lo que tengo que decir es que si Andrew Jackson no se arrepiente de sus pecados, se irá al infierno».

Después del sermón, Jackson caminó hasta el predicador y le dijo: «Señor, si yo tuviera un regimiento de hombres como usted, vencería al mundo».

Con frecuencia, un acto de valentía produce resultados positivos inesperados.

DISCERNIMIENTO:
PON FIN A LOS MISTERIOS
NO RESUELTOS

Los líderes inteligentes creen solo la mitad de lo que oyen. Los líderes con discernimiento saben cuál mitad creer.

—John C. Maxwell

Primera regla de los huecos: Cuando te encuentres en uno, deja de cavar.

—Molly Ivins, columnista

SIEMPRE EN EL CENTRO DEL PROBLEMA

Marya Sklodowska, de Polonia, siempre quiso llegar al corazón de las cosas. Cuando era niña, amaba la escuela y amaba aprender. Cuando sus padres perdieron sus trabajos como maestros, tuvieron que tomar huéspedes para sobrevivir y ella pasó horas interminables ayudando en las tareas domésticas. Pero eso no le impidió ser la primera de su clase al terminar la secundaria. Los exámenes eran en ruso.

Ya que la educación superior estaba fuera de su alcance, se convirtió en consejera e institutriz. De alguna forma se las arregló para ahorrar suficiente dinero y mandar a su hija mayor a estudiar medicina en París. Más tarde ella misma se mudó a Francia para estudiar en la Sorbona. Dos años más tarde terminó como la primera de su clase en Física y en otro año de estudio ganó su grado de maestría en Matemáticas.

Se dedicó, entonces, tiempo completo a investigar para una sociedad industrial francesa. Sin embargo, su pasión verdadera estaba en desentrañar el secreto de los rayos de uranio.

Mientras buscaba un laboratorio mejor, Marya conoció a un hombre que se convertiría en su esposo y en su compañero de investigación, Pierre. Probablemente hayas oído de Marya Sklodowska, pero quizás más por el nombre que ella prefirió usar después de casarse con Pierre Curie en 1895: Madame Marie Curie.

Marie Curie sentó las bases para el trabajo en el campo de la radioactividad (término que ella misma acuñó), y abrió la puerta al estudio de la física nuclear y la radiología médica moderna. Cuando Pierre murió en un accidente en 1906, Marie Curie continuó el trabajo e hizo muchos descubrimientos adicionales.

«La vida no es fácil para ninguno de nosotros», dijo en cierta ocasión, «pero, ¿qué importa eso? Tenemos que tener perseverancia y sobre todo confianza en nosotros mismos. Tenemos que creer que estamos dotados para algo y que eso tiene que lograrse». Su investigación le trajo muchos reconocimientos:

Trece medallas de oro, diecinueve diplomas y dos Premios Nobel (en física y en química).

La tenacidad de Curie era evidente no solo en su deseo de saber sino en la aplicación práctica de sus investigaciones. Durante la Primera Guerra Mundial se dio cuenta de lo que estaba sucediendo en los campos de batalla y reconoció que la tecnología que había descubierto podía ayudar a salvar vidas. Ella y su hija Irene (quien más tarde ganaría también un premio Nobel) desarrollaron la radiografía-X y después dirigió un movimiento para dotar a las ambulancias con equipos de rayos X. Madame Curie entrenó a ciento cincuenta técnicos para usar sus equipos. También ayudó a fundar el Instituto de Radium de la Universidad de París. No solo dirigió la construcción de sus laboratorios, sino que levantó fondos en Europa y los Estados Unidos para equiparlos.

Curie dijo: «Nada en la vida debe temerse. Solo debe entenderse». Su inteligencia y discernimiento le permitieron entender y descubrir muchas cosas que han tenido un impacto positivo en nuestro mundo. Desafortunadamente, su agudo discernimiento no se extendió a su salud. En el clímax de su investigación con materiales radiactivos no se protegió lo suficiente de los efectos de la radiación. Su trabajo la fue matando en forma lenta. Murió de leucemia en 1934, después que su salud hubo declinado repentinamente. Tenía sesenta y seis años de edad.

AL GRANO

El discernimiento puede describirse como la habilidad de encontrar la raíz del problema, y descansa tanto en la intuición como en el pensamiento racional. Los líderes efectivos necesitan discernimiento, aun cuando los buenos líderes no lo demuestran siempre. Por ejemplo, lee estos comentarios hechos por algunos líderes. Son como sus famosas últimas palabras:

«Te digo que Wellington como general es malo, los soldados ingleses también son malos; para la hora del almuerzo ya habremos resuelto el problema».
—*Napoleón Bonaparte, en un desayuno con sus generales antes de la batalla de Waterloo(1815).*

«Creo que hay un mercado mundial para aproximadamente cinco computadoras».
—*Thomas J. Watson, presidente de IBM (1943)*
«No necesito guardaespaldas».
—*Jimmy Hoffa, un mes antes de su desaparición (1975)*

El discernimiento es una cualidad indispensable para cualquier líder que desea lograr el máximo de efectividad. Esto ayuda a hacer muchas cosas importantes:

1. Descubre la raíz del problema

Los líderes de grandes organizaciones tienen que vérselas cada día con tremendos caos y complejidades. Nunca pueden reunir suficiente información como para tener un cuadro completo de casi nada. Como resultado tienen que confiar en el discernimiento. El investigador Henry Mintzberg de la Universidad Mc Gill afirmó: «La efectividad organizacional no descansa en el estrecho concepto llamado racionalidad, sino en la mezcla de una lógica clara y una intuición poderosa». El discernimiento permite al líder ver un cuadro parcial, llenar los espacios en blanco intuitivamente, y hallar el verdadero corazón del problema.

2. Realza la solución de tu problema

Si puedes ver la raíz del problema, puedes resolverlo. Mientras más cerca está un líder a su área de inclinación, más fuerte será su capacidad y habilidad para ver las causas que originaron el problema. Si quieres aprovechar tu potencial de discernimiento, trabaja en tus áreas fuertes.

3. Evalúa tus opciones para un impacto máximo

El asesor de administración Robert Heller tiene este consejo: «Nunca ignores un presentimiento, pero nunca pienses que eso es suficiente». El discernimiento no se basa solo en la intuición, tampoco descansa solo en el intelecto. El discernimiento te permite usar tanto tu valor como tu cabeza para encontrar la mejor posición para tu gente y tu organización.

4. Multiplica tus oportunidades

Las personas que carecen de discernimiento raras veces están en el lugar correcto en el momento exacto. Aunque para algunos observadores los grandes líderes con frecuencia parecen ser personas dichosas, creo que como resultado del discernimiento que usa su experiencia y sigue sus instintos, ellos crean su propia «suerte».

REFLEXIONEMOS

¿Eres un líder con discernimiento? ¿Puedes identificar con facilidad el corazón del problema cuando te enfrentas a asuntos complejos? ¿Eres capaz de ver las raíces de problemas difíciles sin tener que obtener cada ápice de información? ¿Confías en tu intuición y descansas en ella tanto como lo haces en tu intelecto y experiencia? Si no es así, necesitas cultivarlo. Valora el pensamiento no tradicional. Acepta el cambio, la ambigüedad y la incertidumbre. Amplía tus horizontes experimentalmente. Tu intuición solo aumentará con el uso.

CONVENCIMIENTO

Para mejorar tu discernimiento, haz lo siguiente:

- *Analiza éxitos pasados.* Piensa en algunos problemas que hayas resuelto exitosamente en el pasado. ¿Cuál fue la raíz del problema en cada caso? ¿Qué te permitió tener éxito?

Si puedes captar el corazón del problema en pocas palabras, probablemente podrás hacerlo con asuntos futuros.

- *Aprende cómo piensan otros.* ¿A qué grandes líderes admiras? Escoge algunos cuya profesión o talento sea similar al tuyo, y lee sus biografías. Al aprender cómo piensan otros líderes con discernimiento, puedes tú mismo llegar a tener más discernimiento.

- *Pon atención a tu propio valor.* Trata de recordar algunas veces cuando tu intuición te «habló» y fue cierto (pudiste haberla escuchado o no en ese momento). ¿Qué tienen esas experiencias en común? Busca un patrón que pueda darte perspicacia en tu habilidad intuitiva.

P A R A   E X T R A E R   D I A R I A M E N T E

Por largo tiempo los suizos tuvieron el monopolio de la fabricación de relojes. Hacían los mejores relojes que se podían comprar, y para la década de 1940 a 1950 produjeron el 80% de todos los relojes del mundo. A finales de la década de los sesenta, cuando un inventor presentó a los líderes de una compañía suiza una idea para un nuevo tipo de reloj, ellos la rechazaron. En realidad, cada compañía suiza a la que él le hizo la propuesta tuvo la misma reacción negativa.

Sabiendo que su diseño tenía mérito, se lo llevó a una compañía en Japón. El nombre de la organización fue Seiko, el diseño del reloj era digital, y hoy, el 80% de todos los relojes usan un diseño digital.

Una decisión movida por el discernimiento puede cambiar el curso completo de tu destino.

CONCENTRACIÓN:
MIENTRAS MÁS AGUDA SEA,
MÁS AGUDO SERÁS TÚ

Si persigues a dos conejos, ambos escaparán.

—Autor desconocido

Lo que la gente dice, lo que la gente hace, y lo
que la gente dice que hace, son cosas
completamente diferentes.

—Margaret Mead, antropóloga

UNA CLASE DIFERENTE DE MENTE
DE UNA SOLA VÍA

En 1998, los Bravos de Atlanta y los Padres de San Diego jugaron por el título de la Liga Nacional de Béisbol y yo tuve el privilegio de asistir a varios de los juegos. Antes, cuando vivía en San Diego, era un fanático de los Padres, pero cuando en 1977 me mudé a Atlanta, cambié mi lealtad a los Bravos. Fui su seguidor durante toda la temporada; hasta que se enfrentaron a San Diego en los partidos de definición. ¿Por qué cambié? No podía resignarme a cambiar mi admiración contra Tony Gwynn.

Tony Gwynn es el bateador más grande de los últimos 50 años y el mejor después de Ted Williams. Ha ganado ocho títulos de bateador (solo Ty Cobb ganó uno más). En su carrera logró un espectacular .339. Siempre es un placer ver a Gwynn jugar. Seguramente estará en el Salón de la Fama en Cooperstown, Nueva York.

Si ves a Tony Gwynn en la calle y no sabes quién fue, no podrías adivinar que se trata de un jugador de béisbol profesional. Con una estatura de 1.78 m. y 220 libras, Tony Gwynn no parece un atleta estrella como Mark McGwire. Pero no te equivoques: Gwynn es un atleta de talento, salió de la universidad para jugar béisbol y baloncesto y aunque tiene tremendo talento, la clave de su éxito es su concentración.

A Tony Gwynn le encanta batear, y está dedicado a eso. Varias veces en cada temporada, lee un libro que descubrió por primera vez cuando estaba en la universidad, *Ted Williams`s The Science of Hitting* [La ciencia de batear de Ted Williams]. Tony pasa largas horas viendo películas de video; en su casa tiene una videoteca de películas de bateadores que continuamente está aumentando gracias a sus cinco grabadoras de video casetes que graban juegos vía satélite. Incluso repasa películas cuando va por la carretera. Cuando viaja a los juegos, toma dos video grabadoras para poder grabar y editar cada una de sus jugadas al bate, y cuando no está practicando o mirando una cinta de video, está hablando constantemente de bateo, con los compañeros de equipo, en el juego de las Estrellas, con grandes jugadores como Ted Williams.

Para él el bateo lo es todo. Es su placer. A veces ha llegado a una fiesta con un guante de batear saliéndosele del bolsillo, lo que significa que hasta ese momento ha estado practicando. Y aun cuando no esté practicando, mirando cintas de videos o hablando con otros bateadores, se le puede encontrar jugando ping pong o haciendo algo que mejore su coordinación ojo-mano. Incluso su decisión de permanecer en San Diego durante toda su carrera ha mejorado su juego. «Uno de mis puntos fuertes es saber hasta donde me las puedo arreglar» dice Gwynn. «Hay pocas distracciones en San Diego, no hay mucho alboroto con los medios de información, todo lo cual contribuye a mi consistencia».

La consistencia es buena. En cada temporada, Gwynn ha bateado como profesional por encima de .300, excepto una vez, la primera. El periodista George Will dice que la gente que es grande en lo que hace, como Gwynn, han «cultivado un tipo de concentración desconocida para la mayoría de la gente».

AL GRANO

¿Qué tiempo toma la concentración requerida para scr un líder verdaderamente efectivo? La clave son las prioridades y la concentración. Un líder que conoce sus prioridades pero carece de concentración sabe qué hacer pero nunca lo termina. Si tiene concentración pero no prioridades, tiene excelencia sin progreso.

Pero cuando tiene ambas cosas, tiene el potencial para lograr lo espectacular.

Con frecuencia me encuentro con personas en posiciones de liderazgo que parecen especializarse en cosas menores. Eso no tiene sentido. Sería igual a que Tony Gwynn gastara todo su tiempo estudiando el robo de bases. Gwynn puede robar bases, de hecho ha robado más de 300 en toda su carrera, pero esta no es su área fuerte y dedicar todo su tiempo a eso en vez de a batear sería un desperdicio de su tiempo y de su talento.

Por lo que la pregunta importante es: ¿Cómo debes aprovechar tu tiempo y energía? Las siguientes indicaciones te pueden ayudar:

Concéntrate un 70% en tu lado fuerte
Los líderes efectivos que alcanzan su potencial invierten más tiempo concentrados en lo que hacen bien que en lo que hacen mal.

El experto en liderazgo Peter Drucker señala, «el gran misterio no es que la gente haga las cosas mal sino que ocasionalmente haga unas pocas cosas bien. La única cosa que es universal es la incompetencia. ¡La fuerza es siempre específica! Nunca a nadie se le ocurrió decir, por ejemplo, que el gran violinista Jascha Heifetz era un fracaso como trompetista». Para tener éxito, concéntrate en tus éxitos y desarróllalos. En eso es que debes invertir tu tiempo, energía y recursos.

Concéntrate un 25% en cosas nuevas
Crecimiento es igual a cambio. Si quieres ser mejor, tienes que mantenerte cambiando y mejorando. Esto significa entrar a nuevas áreas. Gwynn ejemplificó eso hace varios años después que tuvo una conversación con Ted Williams. El viejo profesional sugirió que aprender a batear dentro de los lanzadores haría de Gwynn un mejor jugador. Gwynn, que prefería las bolas por fuera, trabajó en esto, y su promedio subió significativamente. Si dedicas tiempo a cosas nuevas relacionadas con áreas fuertes, entonces crecerás como líder. No olvides que en el liderazgo, si dejaste de crecer, estarás terminado.

Concéntrate un 5% en tus áreas débiles
Nadie puede evitar completamente trabajar en sus áreas débiles. La clave es minimizarlas tanto como sea posible, y los líderes lo logran delegando. Por ejemplo, yo delego en otros trabajos de detalles. Un equipo de personas en el grupo INJOY maneja toda la logística de mis conferencias. De esa forma cuando estoy allí, me apego a las cosas que hago mejor, tal como el mismo discurso.

¿Cómo te evalúas en el área de la concentración? ¿Has estado especializándote en cosas menores? ¿Has invertido tanto tiempo apuntalando tus debilidades que has fallado en desarrollar tus puntos fuertes? ¿Monopoliza tus fuerzas la gente de menor potencial? Si es así, probablemente has perdido concentración.

Trabaja en ti mismo. Tú eres tu mayor ventaja o perjuicio.
Trabaja en tus prioridades. Tendrás que luchar por ellas.
Trabaja en tus áreas fuertes. Puedes alcanzar tu potencial.
Trabaja con tus compañeros. Solo no podrás ser efectivo.

Para mejorar tu concentración haz lo siguiente:

* *Muévete hacia tus áreas fuertes*. Haz una lista de tres o cuatro cosas que haces bien en tu trabajo. ¿Qué porcentaje de tu tiempo inviertes haciéndolas? ¿Qué porcentaje de tus recursos dedicas a estas áreas fuertes? Traza un plan para hacer cambios que te permitan dedicar 70% de tu tiempo a tus áreas fuertes. Si no puedes, quizás sea tiempo de reevaluar tu trabajo o carrera.

* *Crea un margen*. Ahora que has visto las prioridades, piensa en la concentración. ¿Cuánto te tomará pasar al siguiente nivel en tu área principal de fuerza? ¿Qué nuevas herramientas necesitas? Piensa de nuevo en cómo hacer las cosas y disponte a hacer sacrificios. El tiempo y el dinero invertido en llegar al próximo nivel son las mejores inversiones que puedes hacer.

PARA EXTRAER DIARIAMENTE

Los entrenadores de animales llevan con ellos una banqueta cuando entran a la jaula de un león. ¿Por qué una banqueta? Porque eso tranquiliza a un león mejor que otra cosa (excepto quizás que una escopeta con dardos para adormecerlo). Cuando el entrenador sostiene la banqueta con las patas extendidas hacia la cara del león, el animal trata de concentrarse en las cuatro patas a la vez y eso lo paraliza. La concentración dividida siempre trabaja en forma negativa.

GENEROSIDAD:
TU VELA NO PIERDE NADA
CUANDO ALUMBRA A OTROS

Nadie recibe honra por lo que le dan.
La honra es la recompensa para el que da.

—*Calvin Coolidge, presidente estadounidense*

Dar es el nivel más alto de vivir.

John C. Maxwell

LA GENEROSIDAD COMIENZA
EN EL CORAZÓN

Cuando piensas en personas generosas, ¿quién te viene a la mente?

¿Filántropos millonarios de finales de siglo como Andrew Carnegie, J.P. Morgan, y Andrew Mellon? ¿O donantes contemporáneos como Joan Kroc o Bill Gates? Estas personas han dado millones de dólares. Pero quiero familiarizarte con otro dador. Probablemente no has oído hablar de ella, a pesar que tipifica la clase más profunda de dar, la clase que puede venir solo del corazón.

Su nombre es Elisabeth Elliot. A principios de la década del 50, acompañó a un grupo de misioneros que fue a Ecuador con la esperanza de alcanzar a los indios quichuas. Entre el grupo había un joven llamado Jim, que la había estado cortejando desde 1947. Mientras trabajaban juntos, dedicando sus vidas a servir a los indios ecuatorianos, decidieron darse el uno al otro y se casaron.

Cuando Jim y otros cuatro misioneros se sintieron impulsados a hacer contacto con otro pequeño grupo de indios que vivía en el área llamada el Auca, habían estado juntos por dos años y tenían una hija de diez meses llamada Valerie. El registro más antiguo de algún contacto con ellos se refería al asesinato de un sacerdote en los años 1600. Desde entonces habían atacado a cada extraño que se adentrara en su territorio. Incluso los demás indios ecuatorianos los evitaban debido a su brutalidad. Mientras Jim y los otros se preparaban para hacer contacto, Elisabeth sabía que los cinco hombres estarían poniendo en peligro sus vidas. Pero estaba resuelta. Ella y Jim habían entregado sus vidas a esta misión. Durante varias semanas, uno de los misioneros que era piloto sobrevoló en una pequeña avioneta una villa auca dejando caer provisiones y otros artículos como regalos. También incluían fotografías de ellos mismos para preparar a la gente de la tribu para su primer contacto.

Varias semanas después, Jim y otros cuatro aterrizaron en una pequeña franja de playa en el río Curaray y establecieron el campamento. Allí hicieron contacto con tres aucas, un hombre y dos mujeres, que parecían ser amistosos y receptivos. En los días siguientes, conocieron a varios más. En sus reportes por radio, decían a sus esposas que parecían estar haciendo un progreso significativo en materia de amistad con la tribu.

Pero unos pocos días después, los misioneros no se reportaron a la hora convenida. Sus esposas esperaron en vano junto al receptor de radio; pero pasaron los minutos, después las horas, y luego un día. Elisabeth y los otros empezaron a temer lo peor.

Un grupo de socorro salió en su busca, pero volvieron con malas noticias. Habían encontrado el cuerpo de un hombre blanco flotando en el río. Luego, uno a uno, fueron descubriendo los demás cuerpos. Habían sido lanceados por los aucas. Los cinco hombres estaban muertos.

Bajo tales circunstancias cualquiera persona en la situación de Elisabeth Elliot se hubiera ido a casa. Una cosa era renunciar a una vida cómoda en los Estados Unidos y otra era renunciar a su esposo. Pero Elisabeth tenía un corazón verdaderamente generoso. A pesar de su terrible pérdida, se quedó para ayudar a los quichuas, con los que estaba viviendo.

Lo que sucedió después fue aun más notable. Otros misioneros continuaron tratando de hacer contacto con una aldea auca. Después de dos años, tuvieron éxito. Inmediatamente, Elisabeth Elliot se dirigió hasta allí. ¿Iba a buscar venganza? No. Iba para trabajar con la gente y servirles. Vivió y trabajó entre los aucas por dos años, y muchos de ellos (incluyendo a dos de los siete hombres que habían dado muerte a su esposo) aceptaron gustosos el mensaje del amor de Dios que ella les llevaba.

AL GRANO

Nada habla más alto o sirve más a los demás que la generosidad de un líder. La verdadera generosidad no es algo ocasional.

Viene del corazón y permea cada aspecto de la vida del líder: su tiempo, su dinero, sus talentos y sus posesiones. Los líderes efectivos, el tipo de líder que a la gente le gusta seguir, no recogen cosas solo para sí; las recogen para darlas a los demás. Cultiva la cualidad de la generosidad en tu vida. Aquí dice cómo:

1. Sé agradecido por lo que tienes

Es difícil que una persona sea generosa cuando no está satisfecha con lo que tiene. La generosidad viene de la satisfacción, y la satisfacción no se logra acumulando más bienes. El multimillonario John D. Rockefeller reconoció: «He ganado millones, pero eso no me trajo la felicidad». Si no estás contento con poco, nunca estarás contento con mucho. Y si no eres generoso con poco, no vas a cambiar de pronto si llegas a ser millonario.

2. Pon a las personas primero

La calidad de un líder no se la da el número de personas que lo sirven, sino el número de personas a las que él sirve. La generosidad requiere poner a otros primero. Si tú puedes hacer eso, el dar se convierte en algo más fácil.

3. No permitas que el deseo por las posesiones te controle

De acuerdo con mi amigo Earle Wilson, las personas pueden dividirse en tres grupos: «los que tienen, los que no tienen, y los que no han pagado lo que tienen». Más y más personas se están haciendo esclavos del deseo de adquirir. Richard Foster escribe: «Obtener cosas es una obsesión de nuestra cultura. Si somos dueños, pensamos que podemos controlar; y si podemos controlar, pensamos que esto nos dará más placer. La idea es una ilusión». Si quieres tener control sobre tu corazón no permitas que las posesiones te controlen.

4. Considera el dinero como un recurso

Alguien dijo que cuando se trata de dinero, no se puede ganar. Si tu meta es hacer dinero, entonces eres un materialista. Si lo intentas pero no lo logras, eres un fracasado. Si ganas mucho dinero y lo guardas, eres un miserable. Si tienes mucho dinero y lo gastas, eres un derrochador. Si no te preocupas por tener dinero, no tienes ambiciones. Si haces dinero y todavía lo tienes cuando mueres eres un tonto por tratar de llevártelo contigo.

La única forma de realmente ganar con el dinero es no darle importancia, y ser generoso con él para lograr cosas de valor. Como E. Stanley Jones dijo: «El dinero es un siervo maravilloso, pero un amo terrible. Si se pone encima de ti y tú quedas debajo, te convertirá en su esclavo».

5. Desarrolla el hábito de dar

En 1889, el industrial millonario Andrew Carnegie escribió un ensayo llamado el «Evangelio de la riqueza». En él dijo que la vida de una persona rica debe tener dos períodos: un tiempo de adquirir riquezas y un tiempo de redistribuirla. La única forma de mantener una actitud de generosidad es hacer propio el hábito de dar: tiempo, atención, dinero y recursos. Richard Foster dice que «el simple acto de gastar el dinero u otro bien, hace algo en nosotros. Destruye el demonio de la avaricia». Si eres un esclavo de la avaricia no puedes ser un líder.

REFLEXIONEMOS

¿Eres un líder generoso? ¿Buscas constantemente formas de añadir valor a los demás? ¿Estás dando dinero para algo más grande que tú mismo? ¿A quién le estás dando tu tiempo? ¿Estás derramando tu vida en otros? ¿Ayudas a los que no te pueden ayudar o darte algo a cambio? El escritor Juan Bunyan afirmó: «No has vivido hasta que no hayas hecho algo por personas que nunca podrían pagarte o retribuirte el favor». Si no has dado en las áreas pequeñas de tu vida, probablemente no seas un líder tan generoso como deberías de ser.

CONVENCIMIENTO

Para mejorar tu generosidad, haz lo siguiente:

- *Reparte algo.* Determina qué clase de influencia tienen las posesiones sobre ti. Toma algo que realmente valores, piensa en alguien que podría beneficiarse con eso y dáselo. Si lo puedes hacer anónimamente es mejor.

- *Pon tu dinero a trabajar.* Si conoces a alguien con la visión de hacer algo realmente grande (algo que impacte positivamente la vida de otros), provee recursos para que lo pueda lograr. Pon tu dinero a trabajar por algo que te sobreviva.

- *Encuentra a alguien a quien aconsejar.* Una vez que hayas alcanzado un cierto nivel en tu liderazgo, lo más valioso que tienes para dar eres tú mismo. Encuentra a alguien en quien derramar tu vida, dale tiempo y recursos para llegar a ser un mejor líder.

PARA EXTRAER DIARIAMENTE

Cuando el popular autor francés Dominique Lapierre viajó a la India para hacer una investigación para un nuevo libro, lo hizo lujosamente en un Rolls-Royce del modelo Silver Shadow que había comprado con un adelanto de su libro. Estando allá obtuvo lo que necesitaba para su *The City of Joy* [La ciudad de la alegría]. Pero también recibió algo más: una pasión de ayudar a la gente pobre y miserable que encontró allí. Ese descubrimiento cambió su vida para siempre. Ahora divide su tiempo en escribir y recaudar fondos, y dona tiempo y dinero para ayudar a la gente. Su actitud puede resumirse por las palabras del poeta indio Rabindranath Tagore que están impresas en el reverso de su tarjeta de presentación: «Todo lo que no se da, se pierde». ¿Qué estás perdiendo tú?

INICIATIVA:

NO DEBERÍAS SALIR DE CASA SIN ELLA

El éxito parece estar relacionado con la acción.
Las personas de éxito son activas.
Cometen errores pero no se rinden.

—*Conrad Hilton, ejecutivo de hotel*

De todas las cosas a las que un líder debería
tenerle miedo, la complacencia tendría que ser
la primera.

—*John C. Maxwell*

SOLO OTRO PASO ADELANTE

Kemmons Wilson siempre ha sido una persona de iniciativa. Empezó a trabajar cuando tenía siete años de edad y no ha parado desde entonces.

Comenzó vendiendo revistas, periódicos y rositas de maíz. En 1930 a la edad madura de diecisiete años, decidió probar por primera vez con un empleo a sueldo, y se fue a trabajar para un comerciante en algodón. Ganaba doce dólares a la semana escribiendo números en la pizarra de precios.

Cuando se presentó una vacante de tenedor de libros por treinta y cinco dólares a la semana, Wilson optó y la obtuvo. Pero cuando recibió su salario vio que no eran más que doce dólares. Pidió un aumento y lo obtuvo. A la semana siguiente recibió tres dólares adicionales. Cuando preguntó por qué no ganaba treinta y cinco dólares como los otros tenedores, se le dijo que la compañía no podía pagar esa cantidad de dinero a un niño de diecisiete años. Wilson no lo olvidó. Esa fue la última vez en más de setenta y cinco años que trabajó por un sueldo.

Después de eso, se ganó la vida en una variedad de trabajos: máquinas de juegos electrónicos, distribución de refrescos, y máquinas automáticas. Pudo ahorrar suficiente dinero para hacerle a su madre una casa. Fue entonces cuando se dio cuenta que la construcción de casas tenía un enorme potencial. Entró en el negocio en Memphis e hizo una fortuna, especialmente después de la guerra, cuando el auge de la construcción alcanzó niveles excepcionales.

La iniciativa de Wilson le hizo ganar mucho dinero, pero esto no hizo impacto en el mundo sino hasta 1951. Ese fue el año en que llevó a su familia de vacaciones a Washington, D.C. En ese viaje se dio cuenta del estado lamentable del hospedaje en los hoteles en los Estados Unidos. A partir de 1920, los moteles se habían multiplicado por todo el país. Algunos eran agradables lugares para familias. Otros alquilaban sus camas por horas. El problema era que el viajero no sabía distinguir entre unos y otros.

«Nunca se podía saber con que te encontrarías», recordaba Wilson más tarde. «Algunos de esos lugares eran demasiado sucios, y todos cobraban por los niños. Eso hizo hervir mi sangre escocesa». Para alguien como Wilson, que tenía cinco hijos, ese sí que era un problema. Los moteles cobraban de cuatro a seis dólares por noche por habitación, más dos dólares por cada niño, lo que triplicaba su pago.

La mayoría de la gente se hubiera quejado y después se hubiera olvidado. Pero Wilson no. El hombre de las iniciativas, decidió hacer algo. «Vamos a casa y comencemos una cadena de hoteles de familia», le dijo a su esposa, «hoteles con un nombre en que se pueda confiar». Su objetivo era construir cuatrocientos hoteles. Su esposa se reía.

Cuando regresaron a Menphis, contrató a un diseñador para que le ayudara a desarrollar la idea de su primer hotel. Quería que este fuera limpio, sencillo y fácilmente identificable como lo que realmente era. Y que tuviera todas las cosas que su familia y él habían necesitado, tales como un televisor en cada cuarto y una piscina. Al año siguiente inauguró su primer hotel en los suburbios de Memphis. Su nombre destellaba en un letrero de más de dieciséis metros. Lo llamó Holliday Inn.

Construir los cuatrocientos hoteles le tomó más de lo que esperaba. Para 1959, tenía cien, pero cuando decidió aplicar el sistema de franquicias, el número se elevó rápidamente, hasta el punto que ya en 1964 había quinientos. En 1968 había mil, y para 1972 cada setenta y dos horas se abría un Holiday Inn en algún lugar del mundo. Cuando en 1979 Wilson se retiró del frente de la compañía después de sufrir un ataque al corazón, la cadena seguía creciendo.

«Cuando era joven estaba tan hambriento» dijo Wilson, «que no me quedó más remedio que hacer algo para ganarme la vida. Cuando me retiré después de mi ataque al corazón, me fui a casa a oler el aroma de las rosas. Eso duró como un mes». Es demasiado duro para una persona emprendedora dejar de hacer que sucedan cosas.

AL GRANO

En *The 21 Irrefutable Laws of Leadership* [Las 21 leyes irrefutables del liderazgo], señalé que los líderes son responsables de iniciar una conexión con sus seguidores. Pero esa no es la única área en que los líderes tienen que mostrar iniciativa. Deben buscar siempre oportunidades y estar listo para la acción.

    ¿Qué cualidades poseen los líderes que les permiten actuar? Yo veo por lo menos cuatro.

1. Saben lo que quieren

El pianista humorístico Oscar Levant decía en broma: «Una vez que me decido, estoy lleno de indecisiones». Desafortunadamente esa es la forma en que mucha gente actúa. Pero nadie puede ser al mismo tiempo indeciso y efectivo. Como dijo Napoleón Hill, «el punto de partida de cada logro es desearlo». Para ser un líder efectivo tienes que saber lo que quieres. Es la única forma de reconocer las oportunidades cuando se presentan.

2. Se fuerzan a actuar

Hay un viejo dicho que dice: «Puede quien cree que puede». Las personas de iniciativa no esperan que otros los motiven. Ellos saben que es su responsabilidad forzarse más allá de su zona de comodidad y hacen de esto una práctica regular. Es por eso que alguien como el presidente Teodoro Roosevelt, uno de los más grandes líderes iniciadores del siglo XX fue capaz de decir: «No hay nada brillante o destacado en mi historia, excepto quizás esto: Hago las cosas que creo que tienen que hacerse... y cuando me decido a hacer algo, lo hago».

3. Se arriesgan más

Cuando los líderes saben lo que quieren y se deciden a actuar, todavía tienen un obstáculo más. Es estar dispuestos a correr riesgos. Las personas activas siempre corren riesgos. Pero una de las razones por la que a los buenos líderes les gusta correr riesgos es que reconocen que también hay un precio que pagar por no hacer nada. El presidente John F. Kennedy afirmó: «Hay riesgos y costos para un programa de acción, pero son mucho menores que los riesgos a largo plazo y los costos de no hacer nada».

4. Se equivocan más

La buena noticia para las personas de iniciativa es que hacen que las cosas sucedan. La mala noticia es que cometen muchos errores. Thomas J. Watson, fundador de IBM decía que «la forma de tener éxito es doblar el porcentaje de fracasos».

Aun cuando los líderes con iniciativa se equivocan más, no dejan que esto les moleste. Mientras más grande es el potencial, más grande es la posibilidad de fracaso. El senador Robert Kennedy lo resumió así: «Solo los que se atreven a fracasar en grande pueden alguna vez lograr lo grande». Si quieres lograr grandes cosas como líder, debes estar deseoso de iniciarlas y exponerte al peligro.

REFLEXIONEMOS

¿Eres una persona de iniciativa? ¿Estás constantemente en la búsqueda de oportunidades? ¿O esperas que estas vengan a ti? ¿Deseas dar pasos basados en tus mejores instintos, o lo analizas todo hasta el cansancio? El antiguo presidente de la Chrysler, Lee Iacocca dijo: «Incluso la decisión correcta es equivocada si se hace demasiado tarde» ¿Cuándo fue la última vez que iniciaste algo importante en tu vida? Si no te has forzado últimamente y salido de tu zona de comodidad quizás necesites dar un empujón a tu iniciativa.

CONVENCIMIENTO

Para mejorar tu inciativa haz lo siguiente:

* *Cambia tu actitud mental*. Si careces de iniciativa, reconoce que el problema viene de adentro, no de los demás. Determina por qué dudas en actuar. ¿Le temes a los riesgos?

¿Te desanimas por fracasos pasados? ¿No ves el potencial que las oportunidades te ofrecen? Busca la fuente de tu duda y enfréntala. No serás capaz de avanzar hacia afuera mientras no avances en tu interior.

- *No esperes que las oportunidades toquen a tu puerta.* Las oportunidades no vienen a tocar a tu puerta, tú tienes que salir a buscarlas. Echa mano de tus talentos, recursos y logros. Hacer esto te dará una idea de tu potencial. Dedica cada día de una semana a buscar oportunidades ¿Dónde ves necesidades? ¿Quién necesita la ayuda de tu experiencia? ¿Qué grupo se está muriendo por tener lo que tú ofreces? Las oportunidades están en todas partes.

- *Da el próximo paso.* Una cosa es ver la oportunidad y otra es hacer algo. Como alguien ha dicho, todo el mundo tiene grandes ideas en la ducha, pero pocos salen, se secan y hacen algo al respecto. Escoge la mejor oportunidad que veas y llévala tan lejos como puedas. No te detengas sino hasta que hayas hecho todo lo que pudiste para realizarla.

PARA EXTRAER DIARIAMENTE

En 1947, Lester Wunderman fue despedido de su trabajo en una agencia de publicidad en Nueva York. Pero el joven sabía que podía aprender mucho del presidente de la agencia, Max Sackheim, que había sido quien lo había despedido. A la mañana siguiente Wunderman regresó a su oficina y trabajó como lo había hecho antes, pero sin que le pagaran. Sackheim lo ignoró por un mes, pero finalmente fue hasta donde estaba Wunderman y le dijo: «Bueno, tú ganas. Nunca vi a un hombre que quisiera más un trabajo que el dinero».

Wunderman llegó a ser uno de los más exitosos publicistas del siglo. Es conocido como el padre del mercadeo directo. Necesitas dar un paso intrépido hoy para alcanzar tu potencial mañana.

ESCUCHAR:

PARA CONECTARTE CON SUS CORAZONES,

USA TUS OÍDOS

El oído del líder tiene que vibrar con
las voces de la gente.

—*Woodrow Wilson, presidente de Estados Unidos*

Un buen líder estimula a los demás a que le
digan lo que necesita saber, no lo que quiere oír.

—*John C. Maxwell*

Mientras más habla, más escucha

¿A quién incluirías en la lista de las personas más influyentes de los Estados Unidos? El presidente debería encabezarla, pero también estarían Alan Greenspan, Michael Jordan (su cara es la más reconocida del planeta), y quizás también Bill Gates. Detente por un momento a pensar en las personas que incluirías. Te sugiero que añadas un nombre que quizás no hayas considerado. El de Oprah Winfrey.

En 1985, Oprah era prácticamente desconocida. Apareció en la película *El color púrpura*, de Steven Spielberg y fue, además, la anfitriona de un programa de televisión local que estuvo presentando por las mañanas en Chicago por espacio de un año. El éxito logrado podría atribuírsele a su habilidad para hablar. «Comunicándome con la gente es como desarrollo algo de autoestima», explica. Temprano en su vida la alabaron por esto. «Recuerdo que cuando tenía dos años y hablaba en la iglesia oía a la gente decir: "Esta niña sí que sabe hablar"».

Pero también Oprah hizo más que escuchar. De hecho, la habilidad de escuchar ha sido una característica primordial en su vida. Es una «aprendedora» inveterada, y su habilidad para escuchar empezó mientras absorbía la sabiduría de los escritores. Devoraba ficción y biografía, aprendiendo cómo otras personas sienten y piensan y en el proceso también aprendió sobre ella misma.

Esta inclinación a escuchar le ha servido en cada aspecto de su carrera. Es obvio que la aplica en su programa de televisión. Está constantemente observando y escuchando para encontrar temas de qué hablar en su programa. Y cuando lleva a su programa a gente famosa, autores o expertos, de verdad que escucha lo que tienen que decir. Madonna dijo de ella: «Ha estado en el ojo del público por mucho tiempo y todavía tiene increíble simpatía con la gente. No sé cómo lo hace». Lo hace al escuchar.

La habilidad de Oprah Winfrey de escuchar ha sido recompensada con un éxito notable y una influencia increíble. Es la animadora mejor pagada en el mundo y se cree que su fortuna es del orden de casi medio billón de dólares. Cada semana, treinta y tres millones de personas solo en los Estados Unidos miran su programa.

A pesar de su éxito, recientemente pensó descontinuarlo. Pero en lugar de eso decidió renovarlo. ¿Cómo decidió qué cambios hacer? Le preguntó a su personal.

«No lo tomen como un trabajo», les dijo. «Hacer cambios en el programa es como hacer cambios en nuestras vidas. Puede ser divertido. Así es que vamos a intentarlo. ¿Qué podemos hacer para hacerlo más divertido?»

Una de las ideas que le dio su personal le provocó serias dudas. Pero aun así tuvo suficiente sabiduría para escucharla, e intentar llevarla a cabo. La idea era sobre un club de libros. El éxito ha sido fenomenal. Cientos de miles de personas están aprendiendo y creciendo por medio de la lectura, algunos por primera vez. Y Winfrey está encantada. Su objetivo en la vida es añadir valor a las personas; y tiene éxito porque escucha.

AL GRANO

En *The 21 Irrefutable Laws of Leadership* [Las 21 leyes irrefutables del liderazgo], yo digo que el líder toca el corazón antes de pedir la mano. Esa es la Ley de la Conexión. Antes que un líder pueda tocar el corazón de una persona, tiene que saber qué hay en él. Y eso se aprende escuchando.

Entre las personas con el don de liderazgo no hay muchas que no tengan la habilidad de escuchar. Peter Drucker, el padre del concepto gerencial moderno de los Estados Unidos cree que el 60% de todos los problemas gerenciales son el resultado de comunicaciones pobres. Yo diría que la gran mayoría de los problemas de comunicación vienen de no saber escuchar.

Hay muchas voces allá afuera que reclaman nuestra atención. Cuando te decidas a escuchar, recuerda que al hacerlo estás buscando dos propósitos: relacionarte con las personas y aprender de ellas. Por eso debes mantener tu oído abierto a:

1. *Tus seguidores*

Los buenos líderes, aquellos que a la gente le gusta seguir, no se limitan a conducir sus asuntos cuando interactúan con sus seguidores. Se toman el tiempo para conocerlos como las personas que son. Philip Stanhope, el conde de Chesterfield creía que, «a muchos hombres les agrada más que alguien escuche sus historias que se les conceda un deseo». Si tienes el hábito de escuchar solo a los hechos y no a la persona que los expresa, cambia tu enfoque y escucha realmente a quien te está hablando.

2. *Tus clientes*

Un dicho cheroqui dice: «Escucha los susurros y nunca tendrás que escuchar los gritos». Me entristecen los líderes que están tan atrapados en sus propias ideas que nunca oyen las preocupaciones, quejas y sugerencias de sus clientes. En su libro *Business @ the Speed of Thought*, Bill Gates, presidente de Microsoft, dice: «Los clientes descontentos siempre son una preocupación. También son la más grande oportunidad». Para los buenos líderes es prioritario mantenerse en contacto con las personas a quienes sirven.

3. *Tus competidores*

Sam Markewich dijo: «Si no estás de acuerdo conmigo, quiere decir que no me has estado escuchando». Aunque sin dudas estaba bromeando, la triste realidad es que cuando un líder ve a otra organización como competencia, centra su atención en sus argumentos o en defender su causa y olvida aprender de lo que el otro grupo está haciendo.

Larry King dice: «Cada mañana me recuerdo que nada de lo que diga este día me enseñará algo, así que si voy a aprender, tengo que hacerlo escuchando». Como líder no debes basar tus acciones en lo que otro está haciendo, sino que debes escuchar y aprender lo que puedas para mejorar tú.

4. *Tus consejeros*

Ningún líder es tan aventajado o experimentado que pueda darse el lujo de carecer de un consejero. He aprendido mucho de líderes que tienen más experiencia que yo, personas como Melvin Maxwell (mi padre), Elmer Towns, Jack Hayford, Fred Smith y J. Oswald Sanders. Si todavía no tienes un consejero, sal y busca uno. Si no puedes encontrar a alguien que te ayude personalmente, comienza a buscarlo leyendo libros; ahí fue donde yo empecé. El asunto principal es poner el proceso en movimiento.

Reflexionemos

¿Eres un buen oyente? Cuando yo comencé en el liderazgo no lo era. Estaba demasiado ocupado haciendo mis propias cosas. Pero una vez que bajé el ritmo y puse más atención a lo que sucedía a mi alrededor, encontré que mi actividad había mejorado su enfoque y había logrado más.

¿Cuándo fue la última vez que le prestaste atención a las personas y a lo que tienen que decir? Haz algo más que solo aferrarte a los hechos. Comienza a escuchar no solo las palabras sino los sentimientos, las intenciones y las tendencias.

Convencimiento

Para mejorar tu hábito de escuchar, haz lo siguiente:

- *Cambia tu agenda*. ¿Dedicas tiempo a escuchar a tus seguidores, clientes, competidores y consejeros? Si no tienes a estos cuatro grupos en tu agenda regularmente, probablemente no les estás dando suficiente atención. Separa un tiempo para cada uno de estos grupos, ya sea diaria, semanal o mensualmente.

- *Conoce a la gente en su ambiente*. Una clave para ser un buen «escuchador» es buscar algo en común con las personas. La próxima vez que te encuentres con un empleado o un cliente, disciplínate para preguntarle cuatro o cinco cosas sobre él como persona. Llega a saber quién es, y busca algo en común para comenzar tu relación con él.

- *Escucha entre líneas*. Cuando interactúes con las personas, seguramente querrás poner atención al contexto de los hechos de la conversación. Pero no ignores el contenido emocional. A veces se puede aprender más de lo que realmente sucede al leer entre líneas. Emplea tiempo durante los días y semanas siguientes para escuchar con el corazón.

PARA EXTRAER DIARIAMENTE

El presidente Teodoro Roosevelt era un hombre de acción, pero también era un buen «escuchador» y apreciaba esa cualidad en otros. Una vez en una fiesta de gala se cansó de saludar a personas que respondían a sus comentarios con dichos ceremoniosos sin sentido. Así que comenzó a saludar a las personas diciéndoles con una sonrisa: «Esta mañana asesiné a mi abuela». La mayoría de las personas, tan nerviosas por encontrarse con él, ni siquiera oían lo que decía. Pero un diplomático lo oyó. No bien escuchó el comentario del presidente, se inclinó y le susurró: «Estoy seguro que recibió su merecido». La única forma de saber lo que se está perdiendo es comenzar a escuchar.

PASIÓN:

TOMA LA VIDA Y ÁMALA

Cuando un líder se expresa con pasión,
generalmente encuentra pasión como respuesta.

—John C. Maxwell

Cualquiera puede hacer las cosas
superficialmente, pero una vez que has hecho un
compromiso, tu sangre tiene algo particular, y es
muy difícil detenerte.

—Bill Cosby, comediante

SALSA DE PIZZA EN LAS VENAS

En *The 21 Irrefutable Laws of Leadership* [Las 21 leyes irrefutables del líder], cuento la historia de las pizzas Papa John y cómo la compañía, fundada en 1984 por John Schnatter, creció de 1 a 46 establecimientos en sus primeros siete años y de 46 a 1600 en los siete años siguientes. El éxito fenomenal que la compañía experimentó en la segunda mitad fue debido a la Ley de Crecimiento Explosivo, que dice: «Para aumentar el crecimiento, dirige a tus seguidores; para multiplicarlo, dirige a tus líderes». Pero ¿cuál fue la clave para el éxito de Papa John en los primeros siete años?

La respuesta es pasión. John Schnatter no solo come pizzas Papa John, sino que las respira, las duerme y las vive. Piensa en ellas con absoluta prioridad. Michael Speiser, analista de Lehman Brothers dijo en su revista *Success* [Éxito], «la pizza es la vida de Schnatter y la toma muy en serio».

La filosofía de Schnatter es sencilla y directa. «Concéntrate en lo que haces bien», aconseja, y «hazlo mejor que nadie».

Lo que él hace bien es dirigir el negocio de más rápido crecimiento de su clase en el mundo; y lo disfruta tanto que siempre está en lo más reñido de las cosas.

Recientemente visitó una franquicia que pertenece a su esposa Annette, en el centro comercial de Louisville y encontró que el establecimiento estaba inesperadamente empantanado de órdenes. ¿Qué hizo él?, brincó adentro y ayudó a hacer pizzas por una hora y media. Esto es algo que le gusta hacer. Visita los establecimientos cuatro o cinco veces a la semana, casi siempre sin anunciarse, solo para estar seguro que todo marcha bien.

«Cuando a los veintidós años hablaba de mis sueños de un negocio de pizzas, la gente pensaba que estaba loco», ha dicho Schnatter. «Vendedores, banqueros y aun amigos solo se reían cuando yo les decía que abriría cinco o seis locales en un mes». Ahora normalmente se abren treinta locales por mes; un nuevo establecimiento cada día del año.

Pero Schnatter quiere expandir el negocio. Se abrió una nueva franquicia en México y tiene planes de ampliarse a Venezuela, Puerto Rico y otros mercados extranjeros. No intenta detenerse sino hasta que esté a la cabeza como el más grande vendedor de pizza en el mundo. Solo podría hacer esto porque lo ama y le da todo cuanto ha recibido.

AL GRANO

Los expertos pasan mucho tiempo tratando de averiguar lo que hace a las personas exitosas. Casi siempre buscan sus credenciales, inteligencia, educación, y otros factores. Pero más que cualquiera otra cosa, la diferencia la hace la pasión. David Sarnoff de la RCA afirma que «nadie puede tener éxito a menos que ame su trabajo».

Si observas las vidas de líderes efectivos, encontrarás que casi nunca encajan en moldes estereotipados. Por ejemplo, más del 50% de todos los altos ejecutivos de la revista Fortuna 500 tienen promedios de C o -C en los primeros años de universidad.

Casi el 75% de todos los presidentes estaban en la mitad inferior de sus clases en la escuela. Más del 50% de todos los empresarios millonarios nunca terminaron los estudios universitarios. ¿Qué le permite a la gente que parece común, lograr grandes cosas? La respuesta es la pasión. En la vida del líder nada puede tomar el lugar de la pasión.

Echemos un vistazo a cuatro verdades sobre la pasión y qué pueden hacer por ti como líder.

1. La pasión es el primer paso para la realización

Tu deseo determina tu destino. Piensa en grandes líderes y quedarás impresionado por su pasión: Gandhi por los derechos humanos, Winston Churchill por la libertad, Martin Luther King Jr. por la igualdad, Bill Gates por la tecnología.

Cualquiera que viva por encima de una vida común tiene un gran deseo. Esto es cierto en cualquier campo: deseos débiles traen resultados flojos, así como un fuego pequeño produce poco calor. Mientras más fuerte sea tu fuego, más grande será el deseo y más grande el potencial.

2. La pasión aumenta tu fuerza de voluntad

Cuentan que un joven poco entusiasta se acercó al filósofo griego Sócrates y le dijo con cierta indiferencia: «Oh, gran Sócrates, vengo a usted en busca de conocimiento».

El filósofo lo llevó hasta el mar, avanzó hasta lo profundo y lo sumergió por treinta segundos. Cuando lo soltó para que tomara aire, le pidió que repitiera lo que quería. El joven farfulló: «Conocimiento, gran conocimiento». Sócrates lo empujó debajo del agua otra vez, solo que ahora un poco más de tiempo. Después de repetirlo varias veces, el filósofo le preguntó: «¿Qué quieres?», el joven finalmente dijo, jadeando, «¡Aire, quiero aire!» «Bueno», respondió Sócrates, «Ahora, cuando quieras el conocimiento como quieres el aire, lo tendrás».

No hay sustituto para la pasión. Es el combustible de la voluntad. Si quieres cualquier cosa escasamente, no tendrás la voluntad para lograrlo. La única forma de tener esa clase de deseo es desarrollar la pasión.

3. La pasión te cambia

Si te dejas llevar por la pasión, en vez de por las percepciones de otros, llegarás a ser una persona más dedicada y productiva. Eso aumentará tu capacidad de impactar a los demás. Al final, tu pasión tendrá más influencia que tu personalidad.

4. La pasión hace posible lo imposible

El ser humano está hecho de tal forma que cuando cualquier cosa enciende el alma, las imposibiblidades desaparecen. Un fuego en el corazón levanta todo en su vida, es por eso que los líderes apasionados son tan efectivos. Un líder con gran pasión y pocas habilidades siempre sobrepasa a un líder con grandes habilidades y ninguna pasión.

R E F L E X I O N E M O S

A pesar del poder de la pasión, muchas personas en nuestra cultura parecen creer que la pasión es algo de lo que debemos estar recelosos. El sicólogo Tony Campolo ha hecho la siguiente observación: «Estamos atrapados en una etapa específica de nuestro genio nacional en la que no solo somos materialistas sino peor que eso; estamos convirtiéndonos en personas emocionalmente muertas. No cantamos, no bailamos, ni siquiera cometemos pecado con mucho entusiasmo».

¿Es la pasión una característica de tu vida? ¿Te levantas con entusiasmo por el nuevo día? ¿Es el primer día de la semana tu día favorito?, o ¿vives de fin de semana en fin de semana como sonámbulo a través de tu rutina de todos los días? ¿Qué tiempo hace desde que te quedaste sin dormir porque estabas demasiado *entusiasmado* con una idea?

Si la pasión no es una cualidad en tu vida, estás en problemas como líder. La verdad es que nunca podrás dirigir algo por lo cual no te sientas apasionado. No puedes iniciar un fuego en tu organización a menos que primero se encienda en ti.

C O N V E N C I M I E N T O

Para aumentar tu pasión haz lo siguiente:

- *Tómate la temperatura.* ¿Cuán apasionado eres respecto a tu vida y tu trabajo? ¿Se nota? Haz una evaluación interrogando a varios compañeros de trabajo y a tu esposa sobre tu nivel de deseo. No serás un apasionado mientras no creas que la pasión puede hacer la diferencia en tu vida.

- *Regresa a tu primer amor.* Muchas personas dejan que la vida y las circunstancias los descaminen. Piensa cuando comenzaste tu carrera, o incluso más atrás, cuando eras un niño. ¿Qué te desvió de tu camino? ¿Qué era aquello en lo que podías pasar horas y horas? Trata de recuperar tu antiguo entusiasmo. Después evalúa tu vida y tu carrera a la luz de esos antiguos amores.

- *Relaciónate con gente de pasión.* Esto suena chistoso, pero dime con quién andas y te diré quién eres. Si has perdido tu fuego, acércate a alguien que lo pueda encender. La pasión es contagiosa. Trata de pasar tiempo con alguien que pueda contagiarte.

Para extraer diariamente

En 1916 el general Billy Mitchell, oficial de carrera del ejército de los Estados Unidos, fue asignado a una sección de la aviación. Allí aprendió a volar y esto se convirtió en la pasión de su vida. Aunque la aviación jugó un papel muy insignificante en la Primera Guerra Mundial, él pudo ver el potencial militar del poder aéreo. Después de la guerra comenzó una campaña para convencer a los militares de crear una fuerza aérea. Les demostró una y otra vez lo que podían hacer los aviones, pero encontró fuerte resistencia. Frustrado, en 1925 presionó al ejército para que lo procesara en un consejo de guerra. Un año más tarde renunció. Solo después de la Segunda Guerra Mundial fue exonerado y condecorado póstumamente con la Medalla de Honor. Mitchell estuvo listo a pagar el precio que fuera por hacer lo que sabía que era correcto. ¿Y tú?

ACTITUD POSITIVA:
SI CREES QUE PUEDES, PUEDES

13

El descubrimiento más grande de mi generación
es que los seres humanos pueden cambiar sus
vidas al cambiar su actitud mental

—William James, sicólogo

Una persona de éxito es aquella que puede
construir una base firme con los ladrillos que
otros le han arrojado.

—David Brinkley, periodista de televisión

M Á S   Q U E   T R A N S P I R A C I Ó N   E   I N S P I R A C I Ó N

La revista *Life* lo nombró el hombre número uno del milenio. Es asombroso el número de cosas que inventó: 1093. Obtuvo más patentes que cualquiera otra persona en el mundo. Por 66 años consecutivos, recibió al menos una cada año. También desarrolló un moderno laboratorio de investigación. Su nombre fue Thomas Edison. La mayoría de las personas creen que Edison tenía un genio creativo. Esto lo demostró en el trabajo duro. «Genio», decía él, «es 99% de transpiración y 1% de inspiración» Creo que su éxito fue el resultado de un tercer factor: su actitud positiva.

Edison era un optimista que siempre veía lo mejor en todo. «Nos asombraríamos si hiciéramos todas las cosas que somos capaces de hacer», dijo una vez. Cuando intentó diez mil veces encontrar los materiales correctos para el tubo de luz incandescente no lo vio como muchos fracasos seguidos. Con cada intento tuvo información sobre lo que no funcionaba, acercándolo más a una solución. Nunca dudó que encontraría una buena solución. Su creencia se podría resumir en la siguiente afirmación: «Muchos de los fracasos de la vida son de personas que no se dieron cuenta cuán cerca estaban del éxito cuando se dieron por vencidos».

Probablemente la muestra más notable de la actitud positiva de Edison es la forma en que enfrentó una tragedia que ocurrió cuando tenía casi 70 años. El laboratorio que había construido en West Orange, New Jersey, era mundialmente famoso. Llamó al complejo de 15 edificios su fábrica de inventos. Su edificio principal era gigantesco; más grande que tres campos de fútbol. Desde esa base de operaciones, él y su personal concebían inventos, desarrollaban prototipos, elaboraban productos y se los enviaban a los consumidores. Llegó a ser un modelo de investigación y fabricación moderna.

Edison amaba el lugar. Pasaba cada minuto que podía allí, e incluso con frecuencia se quedaba a dormir, lo que hacía sobre una de las mesas del laboratorio. Pero un día de diciembre de 1914 su amado laboratorio se incendió. Mientras estaba parado afuera viendo cómo se quemaba, dicen que dijo: «Niños, busquen a su madre. Nunca verá otro fuego como este».

La mayoría de la gente se hubiera sentido aplastada, pero Edison no. Después de la tragedia afirmó: «Tengo 67 años, pero no soy demasiado viejo como para no emprender un nuevo comienzo. He pasado por muchas cosas así». Reconstruyó el laboratorio y se mantuvo trabajando por otros diecisiete años. «Me sobran las ideas pero me falta el tiempo» comentaba. «Espero vivir solo cien años». Murió a los ochenta y cuatro.

A L   G R A N O

Si Edison no hubiera sido una persona tan positiva, nunca hubiera alcanzado tanto éxito como inventor. Si observas la vida de las personas que logran éxitos duraderos en sus respectivas profesiones, encontrarás que casi siempre poseen una perspectiva positiva de la vida.

Si deseas ser un líder efectivo, es esencial tener una actitud positiva. Esto no solo determina el nivel de compromiso como persona, sino también tiene un impacto en cómo los demás interactúan contigo. Para aprender más sobre lo que significa ser positivo, piensa en estas cosas:

1. *Tu actitud la decides tú*

La persona promedio prefiere esperar que otros la motiven. Cree que piensa como piensa por culpa de sus circunstancias. Pero ¿qué viene primero, la actitud o las circunstancias? Este es un tipo de pregunta como la del huevo y la gallina. La verdad es que no importa quién fue primero. No importa lo que sucedió ayer, tú decides tu actitud hoy.

El sicólogo Víctor Frankl creía que «la última de nuestras libertades humanas es decidir cuál será nuestra actitud en cualquier circunstancia». Él conocía la verdad de esta afirmación. Sobrevivió a la prisión en un campo de concentración nazi, y a través de su penosa experiencia no permitió que su actitud se deteriorara. Si él pudo mantener una buena actitud, también tú puedes.

2. *Tu actitud determina tus acciones*
El experto en vida familiar Denis Waitley se refiere a este asunto diciendo que: «La ventaja de un ganador no está en haber nacido superdotado, ni en un alto cociente intelectual, ni en el talento. La ventaja del ganador está en la actitud, no en la aptitud. La actitud es la norma para el éxito». Tu actitud es crucial porque determina la forma como actúas.

3. *Tu gente es un espejo de tu actitud*
Constantemente me siento asombrado por las personas que muestran una actitud pobre y todavía esperan que su gente sea optimista.

Pero la ley del magnetismo todavía es real: según seas tú, así será la gente que atraigas.

Si miras a la vida de Edison, podrás ver que su actitud positiva y su entusiasmo no solo lo incentivaban a él sino que también inspiraba a su gente a mantenerse avanzando hasta obtener el éxito. Intencionalmente trató de traspasar esa cualidad a otros.

Una vez dijo que si «lo único que dejamos a nuestros hijos es la cualidad del entusiasmo, les habremos dado una propiedad de incalculable valor».

4. *Mantener una buena actitud es más fácil que recuperarla*
Eugene H. Peterson escribió en *Earth and Altar* [Tierra y altar], «la compasión es una de las más nobles emociones de los seres humanos, la autocompasión es posiblemente la más innoble... es una incapacidad, una enfermedad emocional debilitante que distorsiona severamente nuestra percepción de la realidad... un narcótico que deja a sus adictos inutilizados y abandonados».

Si tú ya tienes una actitud positiva, quiero estimularte a que la mantengas. Por otra parte, si tienes dificultad en esperar lo mejor de ti y de otros, no te desesperes. Debido a que tú decides tu actitud, puedes cambiarla.

Reflexionemos

El cirujano cardíaco inglés Martyn Lloyd-Jones aseguraba que, «la mayor parte de la infelicidad en la vida se debe a que la gente se escucha a sí misma en vez de hablarse a sí misma». ¿Qué clase de voces oyes tú? Cuando te reunes con otras personas, ¿piensas que te van a decepcionar? Cuando enfrentas nuevas experiencias, ¿te dice una voz en tu cabeza que vas a fracasar? Si estás oyendo mensajes negativos, necesitas aprender a darte conversación mental de estímulo positivo. La mejor manera de reprimir tu actitud es prevenir tu mente de caer en cualquier pensamiento negativo.

Convencimiento

Para mejorar tu actitud, haz lo siguiente:

- *Aliméntate con la «comida» correcta*. Si has estado careciendo de alimento positivo, necesitas comenzar a alimentarte con una dieta regular de material motivacional. Lee libros que estimulen una actitud positiva. Escucha grabaciones que te motiven. Mientras más negativo seas, más tiempo tomará cambiar tu actitud. Pero si consumes una dieta constante de «comida» correcta podrás convertirte en una persona que piense positivamente.

- *Alcanza a una meta cada día*. Algunas personas caen en una rutina de negatividad porque sienten que no están progresando. Si este es tu caso, comienza a establecer diariamente metas que puedas alcanzar. Un modelo de realización positiva te ayudará a desarrollar un modelo de pensamiento positivo.

- *Escríbelo en la pared*. Todos necesitamos recordatorios que nos ayuden a pensar correctamente. Alex Haley tenía un dibujo en su oficina de una tortuga sobre una estaca de una cerca para recordarle que todos necesitan la ayuda de otros. Como incentivo, las personas colocan en la pared premios que han obtenido, carteles inspiracionales o cartas que han recibido. Busca algo que funcione para ti y pónlo en la pared.

PARA EXTRAER DIARIAMENTE

Cuando observas a cualquier atleta profesional, ves un gran talento. Pero la mente es lo que eleva lo mejor a su lugar más alto. Por ejemplo, piensa en la tenista Chris Evert, una de las mujeres atletas más grandes de todos los tiempos. Obtuvo dieciocho títulos de grand slam y un puntaje general de juegos ganados-perdidos de 1.309 y 146. En los diecisiete años de su carrera nunca ocupó un lugar por debajo del número cuatro. Ella comentaba: «Lo que separa a los buenos de los grandes jugadores es su actitud mental. Esto solo podría hacer una diferencia de dos o tres puntos en todo el partido, pero la forma en que juegues esos puntos con frecuencia hará la diferencia entre ganar y perder. Si tu mente es fuerte puedes hacer casi todo lo que quieras». ¿Está tu mente «condicionada» a ganar los puntos decisivos que tienes por delante?

SOLUCIÓN DE
PROBLEMAS:
NO PUEDES DEJAR QUE TUS PROBLEMAS
SEAN UN PROBLEMA

No se puede medir a un líder por los problemas
que aborda.
Él siempre los busca de su propio tamaño.

—*John C. Maxwell*

La medida del éxito no es si tienes un problema
difícil que resolver, sino si es el mismo problema
que tuviste el año pasado.

—*John Foster Dulles, ex secretario de estado*

EL COMERCIANTE DE PUEBLO QUE PUDO

Al fundador de Wal-Mart, Sam Walton, lo han llamado de muchas formas, incluídas «enemigo de los pueblos pequeños» y «destructor de comerciantes de la calle principal». «Una buena cantidad de negocios pequeños han quebrado durante el tiempo de crecimiento de Wal-Mart», reconocía Walton. Y añadía: «Algunas personas han tratado de convertir esto en una suerte de gran cruzada de «salven a los pequeños comerciantes del pueblo», como si fueran ballenas u otras especies en extinción». La verdad es que Walton *era* un comerciante de la calle principal de un pequeño pueblo del tipo que se dice que quiere desplazar. La única diferencia es que él fue un excelente líder capaz de resolver problemas y cambiar, en vez de ir a la quiebra.

Sam Walton nació en Kingfish, Oklahoma, y creció en Columbia, Missouri. Demostró ser líder en la escuela secundaria al ser elegido presidente del consejo de estudiantes, cuando como zaguero condujo a su equipo de fútbol a una serie de victorias y al campeonato del estado, y después, con su estatura de cinco pies y nueve pulgadas jugó y obtuvo las mismas victorias con el equipo de baloncesto.

Después de graduarse de la universidad y trabajar por unos años, Walton sirvió en el ejército en la Segunda Guerra Mundial. Cuando salió, seleccionó una carrera en ventas, la rama que él amaba y junto con su esposa escogieron la ciudad de Bentonville, Arkansas, para vivir. Allí fue donde abrieron una tienda que le pusieron «*Walton's Five and Dime Variety Store*».

Los negocios fueron bien, en parte por el empuje de Walton, pero también por su visión futurista al aplicar a su tienda el sistema de autoservicio, un concepto nuevo es esa época. Trabajó duro y continuó expandiéndose. En 1960, tenía 15 tiendas. Pero fue también por ese tiempo que Herb Gibson llevó las tiendas de descuentos al noroeste de Arkansas, llegando a competir directamente con Walton.

«En realidad solo tenemos dos opciones» dijo Walton, «quedarnos en el negocio de tiendas de variedades y recibir duros golpes de las tiendas de descuentos, o abrir nosotros nuestra propia tienda de descuentos. Así que empecé a recorrer el país estudiando la idea... El 2 de julio de 1962 abrimos Wal-Mart Nº 1 en Rogers, Arkansas, sobre la carretera de Bentonville».

Pronto Walton abrió más tiendas. La cadena de tiendas Wal-Mart era pequeña comparada con otras que comenzaron por ese mismo tiempo, Kmart, Target, y Woolco, pero iba bien. Y eso condujo al siguiente problema. Era necesario mejorar el planeamiento y la distribuición de las tiendas. El problema se resolvió creando centros de distribución. Eso, junto con la computarización, les permitió comprar en grandes cantidades, llevar cuenta de todas las necesidades de cada tienda y distribuir rápida y eficientemente los productos. Y cuando la deuda por los nuevos equipos y los nuevos edificios de distribución se transformó en una carga demasiado pesada, Walton lo resolvió haciendo la compañía pública. Esto ocurría en 1970.

Cuando Walton murió en 1992, la compañía operaba más de 1,700 tiendas en 42 estados y en México. Sam Walton, el propietario de las tiendas de variedades del pequeño pueblo, llegó a ser el vendedor minorista número uno de los Estados Unidos; y desde su muerte, la compañía ha continuado creciendo fuertemente. Su liderazgo todavía resuelve problemas a medida que surgen, y mantiene creciendo a Wal-Mart y a Sam's Club, la otra cadena minorista.

AL GRANO

Los líderes efectivos como Sam Walton siempre surgen para un reto. Esta es una de las cosas que separa a los ganadores de los quejosos.

Mientras que otros minoristas se quejaban por la competencia, Walton se levantó por encima de esta al resolver sus problemas con creatividad y tenacidad.

No importa en qué campo esté un líder, enfrentará problemas. Ellos son inevitables por tres razones. Primero, porque vivimos en un mundo de complejidad y diversidad creciente. Segundo, porque interactuamos con personas. Y tercero, porque no podemos controlar todas las situaciones que enfrentamos.

Los líderes con habilidad para resolver problemas demuestran siete cualidades:

1. Anticipan los problemas

Ya que los problemas son inevitables, los buenos líderes los anticipan. Cualquiera que espere que el camino le será fácil, constantemente se encontrará en dificultades. Escuché una historia de David Livingstone, misionero en África, que ilustra la clase de actitud que los líderes necesitan. Una organización de misiones quería enviar ayudantes al doctor Livingstone, por lo que su líder le escribió: «¿Ha encontrado una buena carretera para llegar hasta donde está usted? Si es así, queremos enviar algunos hombres para que se unan a usted». Livingstone respondió: «Si usted tiene hombres que vendrían *solo* si supieran que hay una buena carretera, no los quiero. Quiero hombres que vengan aun cuando no hubiera ninguna carretera». Si mantienes tu actitud positiva pero haces planes para lo peor, te encontrarás en una buena posición para resolver los problemas que vengan.

2. Aceptan la verdad

La gente responde a los problemas de la siguiente forma: rechazan aceptarlos; los aceptan y los soportan; o los aceptan y tratan de resolverlos. Los líderes siempre hacen esto último.

El locutor Paul Harvey dijo: «En tiempos como estos, es bueno recordar que siempre ha habido tiempos como estos». Ningún líder puede tener al mismo tiempo su cabeza en la arena y guiar a su gente por aguas turbulentas. Los líderes efectivos enfrentan la realidad de una situación.

3. Ven el cuadro general

Los líderes tienen que mirar continuamente al cuadro general. No pueden dejarse abatir por la emoción. Tampoco pueden dejarse empantanar tanto en los detalles, que pierdan la visión de lo que es importante. El autor Alfred Armand Montapert escribió: «La mayoría ve los obstáculos; la minoría ve los objetivos; la historia registra los éxitos de los últimos, mientras que la recompensa de los primeros es el olvido».

4. *Manejan una sola cosa a la vez*
Richard Sloma tiene este consejo: «Nunca trates de resolver todos los problemas de una vez; deja que hagan fila mientras los vas atendiendo uno por uno». Los líderes que se complican con mayor frecuencia son aquellos que se dejan abrumar por el tamaño o volumen de sus problemas y después se ocupan superficialmente en su solución. Si te enfrentas a muchos problemas, asegúrate de resolver realmente lo que quieres resolver en ese momento, antes de pasar al siguiente.

5. *No abandonan una meta importante cuando están deprimidos*
Los líderes efectivos entienden el principio «cumbre a cumbre». Hacen decisiones cuando están pasando por una etapa positiva en su liderazgo, no durante las etapas oscuras. Como dijo Bob Christian, jugador de la NFL, «nunca decido si es tiempo de retirarme cuando estoy en el campo de entrenamiento». Él sabe no rendirse cuando está en el valle.

R E F L E X I O N E M O S

El autor George Matthew Adams afirmó: «Lo que piensas significa mucho más que cualquier cosa en tu vida; más que lo que ganas, más que donde vives, más que tu posición social, y más que lo que cualquiera puede pensar sobre ti». Cada problema te presenta a ti mismo. Te muestra cómo piensas y de qué estás hecho. ¿Cómo reaccionas cuando enfrentas un problema cara a cara? ¿Lo ignoras y esperas que se vaya? ¿Te sientes impotente para resolverlo? ¿Has tenido en el pasado la mala experiencia de tratar de resolver problemas para solo darte por vencido? ¿O los abordas de buena gana? La habilidad de resolver problemas con efectividad viene de la experiencia de enfrentar obstáculos y vencerlos. Cada vez que resuelves otro problema, mejoras un poco en el proceso. Pero si nunca tratas, fracasas y tratas de nuevo, nunca serás bueno en eso.

CONVENCIMIENTO

Para mejorar en la solución de tus problemas, haz lo siguiente:

* *Busca problemas.* Si has estado evitándolos, sal y búscalos. Solo te sentirás mejor si ganas experiencia enfrentándolos. Busca situaciones que necesiten arreglarse, propón varias soluciones viables y preséntaselas a un líder con buena experiencia en la solución de problemas. Aprenderás observando cómo piensa él cuando trata con dificultades.

* *Desarrolla un método.* Algunas personas tienen dificultades al resolver problemas porque no saben cómo abordarlos. Trata de usar el siguiente proceso:

  Invierte tiempo en descubrir el asunto real.
  Averigua lo que otros han hecho.
  Haz que tu equipo lo estudie desde todos los ángulos.
  Busca múltiples soluciones.
  Escoge e implementa la mejor solución.

* *Rodéate de personas que sean buenas para resolver problemas.*
  Si no eres bueno para resolver problemas, trae a tu grupo a personas que sí lo sean. Ellos complementarán tu debilidad y también aprenderás de ellos.

PARA EXTRAER DIARIAMENTE

El boxeador Gene Tunney ganó el campeonato de peso completo al derrotar a Jack Dempsey. Mucha gente no sabe que cuando Tunney comenzó su carrera de boxeo, era un pegador formidable. Pero antes de ser profesional, se quebró ambas manos. Su médico y su entrenador le dijeron que nunca sería un campeón mundial. Pero eso no lo desanimó.

«Si no puedo llegar a ser campeón como pegador» dijo, «lo seré como estilista». Aprendió y fue uno de los más hábiles boxeadores en llegar a ser campeón. Nunca dejes que otros pongan obstáculos en el sendero hacia tus sueños.

RELACIONES:
SI TOMAS LA INICIATIVA, TE IMITARÁN

El único ingrediente más importante en
la fórmula del éxito es saber relacionarse
con la gente.

—*Theodore Roosevelt, presidente de Estados Unidos*

A la gente no le importa cuánto sabes,
hasta que saben cuánto te interesan.

—*John C. Maxwell*

LA MEJOR MEDICINA

Si no eres médico, probablemente nunca habrás oído el nombre de William Osler. Era médico, profesor universitario y autor, practicó la medicina y enseñó hasta su muerte a la edad de 70 años, ocurrida en 1919. Su libro, *Principios y práctica de la Medicina* influyó por más de 40 años en la preparación de los médicos en los países de habla inglesa, China y Japón. Pero esa no fue su más grande contribución al mundo. Trabajó por hacer volver los sentimientos a la práctica de la medicina.

La inclinación de Osler por el liderazgo se hizo evidente cuando era todavía un niño. Era un líder natural y el estudiante más influyente de su escuela. Siempre mostró una habilidad sobrenatural para relacionarse con la gente. Todo lo que Osler hizo hablaba de la importancia de establecer relaciones con los demás. Cuando llegó a adulto y se hizo médico, fundó la Asociación Americana de Médicos para que todos los médicos se unieran y compartieran información y se apoyaran unos a otros. Como maestro cambió la forma en que funcionaban las escuelas médicas, sacó a los estudiantes de las secas salas de conferencias y los llevó a las salas de los hospitales a interactuar con los pacientes. Creía que los estudiantes aprendían antes y mejor con los mismos pacientes.

Pero la pasión de Osler fue enseñar compasión a los médicos. En cierta ocasión, dijo a un grupo de estudiantes de medicina:

En todas partes hay un fuerte sentimiento entre la gente. Lo vemos en los periódicos. Que nosotros los médicos estamos entregados hoy en día a la ciencia; que nos preocupamos mucho más por las enfermedades y sus aspectos científicos que por el individuo... les insto a que en su propia práctica presten más atención al paciente individual... Al tratar como lo hacemos con la pobre humanidad sufriente, vemos al hombre desenmascarado, expuesto a todas las fragilidades y debilidades y tienen que mantener su corazón blando y tierno para que no tengan demasiado desprecio por sus semejantes.

Otra habilidad de Osler de mostrar compasión y establecer relaciones puede ser resumida por su tratamiento a un paciente en 1918, durante una epidemia de neumonía causada por influenza. Osler generalmente limitaba su trabajo a hospitales, pero debido a la magnitud de la epidemia, trató a muchos pacientes en sus casas. La madre de una pequeña niña contaba cómo Osler visitaba a su hija dos veces al día, hablaba con cariño y jugaba con ella para entretenerla y reunir información sobre sus síntomas.

Al saber que la niña estaba próxima a morir, Osler llegó un día con una hermosa flor roja envuelta en papel, la última rosa del verano que creció en su propio jardín. Le regaló la flor a la niña, y le explicó que ni siquiera las rosas podían permanecer tanto como querían en un lugar, sino que tenían que irse a un nuevo hogar. La niña pareció confortada por sus palabras y su regalo. Murió pocos días después.

Osler murió al año siguiente. Uno de sus colegas ingleses dijo de él:

Así pasó a la historia, prematuramente, aun cuando había alcanzado el tiempo asignado, el médico más grande de la historia... Y sobre todo es un amigo que durante su vida lo tratamos de Osler; como alguien que poseía el genio de la amistad en un grado mayor que ninguno otro de nuestras generaciones. Su maravilloso interés en todos nosotros fue su característica sobresaliente... Era de su humanidad, de su extraordinario interés por sus semejantes de donde parecían fluir todas sus demás capacidades.

AL GRANO

La habilidad de trabajar con la gente y desarrollar relaciones es absolutamente indispensable para un líder efectivo. De acuerdo con un ejemplar de la revista *Executive Female* de mayo de 1991, se hizo un estudio entre los empleadores en el que les pedían las tres características más importantes que deseaban que tuvieran sus empleados. La característica que encabezaba la lista era la habilidad de relacionarse con las personas: 84% respondió que buscaban buenas habilidades interpersonales. Solo 40% anotó educación y experiencia en sus primeras tres. Si los *empleados* necesitan buenas habilidades para relacionarse con la gente, cuánto más necesarias serán para los *líderes*. La gente seguirá a la gente con la que está de acuerdo. Se puede tener don de gentes y no ser un buen líder, pero no se puede ser un buen líder si no se tiene don de gentes.

¿Qué puede hacer una persona para cultivar buenas relaciones como líder? Se requieren tres cosas:

1. Tener mente de líder, comprender a la gente
La primera habilidad de un líder es entender cómo piensa y siente la gente. Al trabajar con otros, reconozca que todos, ya sean líderes o seguidores tienen algunas cosas en común:

> Les gusta sentirse especiales; por lo tanto, hágale cumplidos sinceros.
> Quieren un mejor mañana, por lo tanto, muéstrele esperanza.
> Desean que alguien los dirija, por lo tanto, navegue con ellos.
> Son egoístas, por lo tanto, hábleles primero de sus necesidades.
> Son poco emocionales, por lo tanto, estimúlelos.
> Quieren éxito, por lo tanto, ayúdelos a ganar.

Aun cuando reconozca estas verdades, un líder todavía tiene que tratar a las personas como individuos. La habilidad de mirar a cada persona, entenderla y conectarse con ella es un factor fundamental en el éxito de las relaciones. Esto significa tratar a cada uno individualmente y no a todos por igual.

Rod Nichols, experto en mercadotecnia dice que en los negocios, esto es particularmente importante: «Si usted trata con cada cliente de la misma forma solo logrará éxito en un 25 o un 30 por ciento de sus contactos debido a que solo se habrá acercado a un tipo de personalidad. Pero si aprende a trabajar efectivamente con todos los tipos de personalidades podrá tener éxito con el 100% de sus contactos.

A esta sensibilidad se la puede llamar el «factor blando del liderazgo». Tienes que ser capaz de adaptar tu estilo de liderazgo a la persona a la que estás dirigiendo.

2. Ten corazón de líder, ama a la gente

Henry Gruland, presidente de *Difinitive Computer Services*, tiene esta idea: «Ser un líder es más que querer dirigir. Los líderes tienen empatía por otros y una aguda habilidad de encontrar lo mejor en las personas... no lo peor... al preocuparse verdaderamente por ellos».

Quien no ame a la gente no puede ser un líder verdaderamente efectivo, del tipo que la gente quiere seguir. El físico Albert Einstein, lo dijo de esta forma: «Somos extranjeros en esta tierra, cada uno viene para una corta visita, sin saber por qué, e incluso a veces con un propósito divino. Sin embargo, desde el punto de vista de la vida diaria hay algo que sabemos: que el hombre está aquí para el bien de otros hombres».

3. Extiende una mano de líder, ayuda a la gente

Le Roy H. Kurtz, de la General Motors, dijo: «Los campos de la industria están sembrados de los huesos de aquellas organizaciones cuyo liderazgo se corrompió al creer que era más importante tomar que dar... que no se dio cuenta que las únicas posesiones que no se pueden remplazar fácilmente son las humanas». La gente respeta a un líder que tiene en cuenta sus intereses. Si tú te concentras en lo que puedes poner en la gente en vez de en lo que puedes obtener de ellos, te amarán y respetarán; y esto crea una gran base para establecer relaciones.

¿Cómo es tu don de gentes? ¿Te mezclas bien con los extranjeros? ¿Interactúas bien con todo tipo de personas? ¿Encuentras con facilidad algo en común? ¿Cómo manejas la interacción a largo plazo? ¿Eres capaz de mantener las relaciones? Si tus habilidades relacionales son débiles, tu liderazgo siempre sufrirá.

Para mejorar tus relaciones haz lo siguiente:

- *Mejora tu mente*. Si tu habilidad necesita mejoramiento, comienza leyendo varios libros sobre el tema. Te recomiendo las obras escritas por Dale Carnegie, Alan Loy McGinnis, y Les Parrott III. Luego dedica más tiempo a observar y hablar con la gente para aplicar lo que aprendiste.

- *Fortalece tu sensibilidad*. Si no te preocupas por los demás como debieras, tienes que dejar de centrarte en ti. Haz una pequeña lista de cosas que podrías hacer para añadir valor a tus amigos y colegas. Trata de hacer una de ellas cada día. No esperes a tener deseos de ayudar a otros. Hazlo y los tendrás.

- *Corrige una relación dolorosa*. Piensa en alguna relación valiosa a largo plazo que se haya opacado. Haz lo que puedas por repararla. Ponte en contacto con la persona y trata de reconectarte. Si habías fallado, asume tu responsabilidad y discúlpate. Trata de entender mejor, amar y servir a esa persona.

PARA EXTRAER DIARIAMENTE

En un cuento corto titulado: «El Capitolio del mundo», Ernest Hemingway, ganador del Premio Nobel, cuenta de un padre y su hijo adolescente, Paco, cuyas relaciones se habían roto. Después que el hijo huyó de la casa, el padre comenzó un largo viaje en busca de él. Finalmente, y como último recurso, puso un anuncio en el periódico local en Madrid, en el que decía: «Querido Paco, reúnete conmigo frente a la oficina del periódico mañana al mediodía... todo está perdonado... te amo». A la mañana siguiente, frente a la oficina del periódico había 800 hombres llamados Paco, que deseaban restaurar una relación rota. Nunca subestimes el poder de las relaciones en las vidas de las personas.

RESPONSABILIDAD: SI NO LLEVAS LA BOLA, NO PUEDES DIRIGIR AL EQUIPO

El éxito en cualquiera escala requiere que
asumas la responsabilidad... En última instancia,
la única cualidad que toda persona de éxito tiene
es la capacidad de asumir su responsabilidad.

—Michael Korda, editor en jefe de Simon & Schuster

Un líder puede abandonar cualquier cosa, menos
la responsabilidad final.

—John C. Maxwell

UNA NUEVA VISITA AL ÁLAMO

En 1835 un grupo de rebeldes texanos sitió una pequeña misión convertida en fuerte en San Antonio, Texas. A finales del año, los soldados mexicanos que estaban en el fuerte se rindieron y se dirigieron al sur dejando el fuerte en manos de los rebeldes. El nombre del viejo edificio de la iglesia era el Álamo.

Ese hecho preparó el escenario para uno de los acontecimientos heroicos más grandes de la historia de los Estados Unidos. La batalla que ocurrió allí en febrero y marzo del siguiente año es una historia de valor y responsabilidad increíble.

La batalla en el Álamo entre los colonizadores estadounidenses y el ejército mexicano era inevitable. Por veinticinco años, los ciudadanos de Texas intentaron una y otra vez independizarse del gobierno mexicano y una y otra vez se enviaba prontamente a las tropas mexicanas para reprimir la rebelión. Pero esta vez fue diferente. El fuerte fue tomado por un grupo resuelto de 183 voluntarios que incluían soldados a sueldo y colonizadores como William Travis, Davy Crockett y Jim Bowie. Su lema era «Vencer o morir».

A finales de febrero varios miles de soldados mexicanos bajo el mando de Antonio López de Santa Ana marcharon sobre San Antonio y sitiaron el Álamo. Cuando ofrecieron a los defensores rebeldes los términos para la rendición, estos se mantuvieron firmes en su negativa, y cuando el enemigo les dijo que si luchaban no habría concesiones para ellos, no les importó.

Al ver que la batalla era inevitable, los sitiados enviaron a un joven para tratar de traer refuerzos del ejército de Texas. Su nombre era James Bonham. Aprovechando la oscuridad de la noche se escabulló fuera de la vieja misión y recorrió 153 km hasta Goliad, pero cuando llegó se le dijo que no había tropas disponibles.

Por once días Santa Ana acorraló a los rebeldes, y en la mañana del 6 de marzo de 1836 el ejército mexicano tomó por asalto la vieja misión. Al final de la batalla, ni un solo hombre de los 183 defensores quedó con vida, sin embargo, se llevaron con ellos a la tumba a seiscientos soldados enemigos.

¿Qué le sucedió al mensajero que habían enviado a Goliad? Para Bonham habría sido fácil escapar. Pero su sentido de responsabilidad era tan grande que regresó al Álamo, se abrió paso entre las filas enemigas y se unió a sus compañeros para permanecer, luchar y morir con ellos.

Aunque los estadounidenses fueron derrotados en el Álamo, la batalla marcó el cambio de fuerzas en la guerra con México. «Recuerden el Álamo», se convirtió en el grito de estímulo en las siguientes batallas contra el General Santa Ana y sus tropas. Menos de dos meses más tarde Texas aseguró su independencia.

AL GRANO

En la actualidad en la cultura estadounidense raramente se ve el tipo de responsabilidad mostrada por James Bomham y sus compañeros. Hoy en día, la gente está más preocupada de sus derechos que de sus responsabilidades. Al reflexionar en las actitudes actuales, mi amigo Haddon Robinson hace la siguiente observación: «Si quieres hacerte rico, invierte en victimización, hoy por hoy es la industria estadounidense de más rápido crecimiento». Dice que millones de personas se están enriqueciendo al identificar, representar, entrevistar, tratar, asegurar y aconsejar víctimas.

Los buenos líderes nunca adoptan la mentalidad de la víctima. Reconocen que quiénes son y dónde están sigue siendo su responsabilidad, no de sus padres, sus conyuges, sus hijos, el gobierno, sus jefes, o sus compañeros de trabajo. Enfrentan lo que la vida les depara y dan lo mejor de sí, sabiendo que tendrán una oportunidad de guiar el equipo solo si han probado que pueden llevar el balón.

Echa una mirada a las siguientes características de personas que asumen su responsabilidad:

1. Terminan el trabajo que comienzan

En un estudio de personas que se hicieron millonarios, el Dr. Thomas Stanley de la Universidad de Georgia descubrió que todos tienen algo en común: trabajan duro. A un millonario que le preguntaron por qué trabajaba de doce a quince horas diarias, respondió: «Pasé quince años trabajando para una gran organización, para darme cuenta que en nuestra sociedad se trabaja ocho horas diarias para sobrevivir, y si se trabaja solo ocho horas al día, no se hace más que sobrevivir, pero todo lo que se hace después de las ocho horas es una inversión para el futuro». Nadie puede hacer el mínimo y alcanzar el máximo potencial.

¿Cómo pueden las personas mantener una actitud de «termina lo que comenzaste»? Viéndose como trabajadores por cuenta propia. Si quieres lograr más y construir credibilidad con tus seguidores, adopta ese estado mental. Puede llevarte lejos.

2. Están dispuestos a ir la milla extra

Las personas responsables nunca dicen: «Ese no es mi trabajo». Están dispuestas a hacer lo que sea necesario para completar el trabajo que necesita la organización. Si quieres tener éxito, pon a la organizacion a la cabeza de tu agenda.

3. Son motivados por la excelencia

La excelencia es una gran motivadora. Las personas que desean la excelencia (y trabajan duro para lograrla) son casi siempre responsables. Y cuando lo dan todo, viven en paz. El experto en éxito Jim Rohn dice: «El estrés viene por hacer menos de lo que se puede». Haz de la alta calidad tu objetivo y la responsabilidad fluirá en forma natural.

4. Producen a pesar de la situación

La cualidad fundamental de una persona responsable es la capacidad de terminar lo que comenzó. En su libro *An Open Road*, Richard L. Evans escribe: «Es de un valor incalculable encontrar a alguien que asuma su responsabiblidad, termine y continúe hasta el último detalle lo que ha emprendido; es decir, saber cuando alguien que ha aceptado una tarea la terminará efectiva y concientemente». Si quieres ser líder, tienes que producir.

R E F L E X I O N E M O S

Gilbert Arland ofrece este consejo: «Cuando un arquero falla al blanco, se vuelve hacia él y busca en él el problema. Cuando no se da en el blanco nunca es la falla del blanco. Para mejorar tu puntería, mejora tú».

¿Estás en el objetivo cuando viene la responsabilidad? ¿Te ven los demás como alguien que termina lo que comienza? ¿Te busca la gente para que lleves el balón en situaciones difíciles? ¿Te reconocen por tu excelencia? Si no has estado actuando a un elevado nivel de excelencia, necesitas cultivar un sentido de responsabilidad más fuerte.

C O N V E N C I M I E N T O

Para mejorar tu responsabilidad, haz lo siguiente:

- *Mantente pendiente*. A veces la inhabilidad de delegar a pesar de las circunstancias difíciles puede deberse a un problema de persistencia. La próxima vez que veas que no vas a poder cumplir a tiempo, detente y busca la forma de resolverlo. Piensa en todas las posibilidades. ¿Puedes trabajar durante la noche? ¿Puedes llamar a un colega para que te ayude? ¿Puedes contratar a alguien o encontrar un voluntario que te ayude? La creatividad puede traer responsabilidad a tu vida.

- *Admite lo que no es suficientemente bueno*. Si tienes problemas en lograr la excelencia puede ser que hayas bajado tus metas. Busca en tu vida personal lugares donde hayas dejado que las cosas se hagan solas. Haz después cambios para establecer metas más altas. Esto te ayudará a restablecer tu propio nivel de excelencia.

• *Busca mejores herramientas*. Si encuentras que tus normas son altas, tu actitud es buena y trabajas duro pero todavía no lo logras de la forma en que te gustaría, equípate mejor. Mejora tus habilidades tomando clases, leyendo libros y escuchando grabaciones. Busca un consejero. Haz lo que sea necesario para mejorar lo que hace.

PARA EXTRAER DIARIAMENTE

Un recluso de la cárcel Butte County Jail en California, explicó de esta forma a un asistente del alguacil de policía su ausencia de la cárcel: «Estaba practicando salto con garrocha, me acerqué demasiado a la pared y caí del otro lado. Cuando recuperé mis sentidos, corrí por todo aquel lugar tratando de buscar una forma de entrar, pero por no estar familiarizado con la zona me perdí. Lo próximo que supe fue que estaba en Chico». Pocas veces las personas se dan cuenta cuán débiles son sus excusas hasta que escuchan algunas de otros.

SEGURIDAD:

LA COMPETENCIA NUNCA COMPENSA

LA INSEGURIDAD

No puedes dirigir personas si necesitas
de las personas.

—John C. Maxwell

Ningún hombre será un buen líder si quiere
hacerlo todo él mismo u obtener todo el crédito
por hacerlo.

—Andrew Carnegie, industrial

CONSTITUCIÓN DE HIERRO
Y SEGURIDAD UNIDOS

Durante el período del presidente Ronald Reagan, los líderes de siete naciones industrializadas se reunieron en la Casa Blanca para discutir políticas económicas. Reagan contó que durante la reunión presenció al primer ministro canadiense Pierre Trudeau recriminando fuertemente a la primera ministra británica Margaret Thatcher. Le dijo que estaba totalmente equivocada y que sus políticas no funcionarían. Ella se puso de pie frente a él y con su cabeza levantada, lo escuchó hasta que hubo terminado.

En seguida, salió caminando del salón. Después de la confrontación, Reagan fue hasta donde estaba ella y le dijo: «Maggie, él nunca le había hablado así. Estaba fuera de control, completamente fuera de control. ¿Por qué lo dejó que se fuera así?»

Thatcher miró a Reagan y respondió: «Una mujer debe saber cuándo un hombre está actuando como un chiquillo».

Sin duda que la anécdota tipifica a Margaret Thatcher. Esto lleva a una persona fuerte y segura a trinfar como líder mundial. Y eso es especialmente cierto cuando la persona es una mujer.

Durante toda su vida Margaret Thatcher ha ido contra la corriente. Cuando era estudiante de la Universidad de Oxford obtuvo un título en química, un campo dominado por los hombres. Se convirtió en la primera mujer presidente de la Asociación Conservadora de la Universidad de Oxford. Pocos años más tarde, se graduó de abogada y ejerció como especialista en impuestos.

En 1959, Thatcher entró en la política, otra profesión abrumadoramente de hombres, siendo elegida miembro del Parlamento. Analítica, clara y serena bajo tensión, frecuentemente su partido le pedía enfrentar a sus oponentes. Su habilidad y convicción habian sido inspiradas por su padre, que le dijo: «No sigas a la mayoría, decide por ti misma».

Su fuerte determinación y alta capacidad le hicieron ganar varios cargos en el gobierno. Fue durante su ejercicio como secretaria de Estado para la Educación y la Ciencia que se le declaró «la mujer más impopular de Gran bretaña». Pero Thatcher nunca titubeó ante las críticas. Continuó trabajando duro y ganándose el respeto del pueblo. Su recompensa fue ser nombrada la primera mujer Primer Ministro en la historia de Gran Bretaña.

En esa posición continuó enfrentando la crítica. Resistió el abuso por la privatización de industrias estatales, reduciendo la función de la clase obrera organizada, envió tropas a las Islas Falkland, y mantuvo políticas conservadoras contra la Unión Soviética. Pero sin importarle cuán severamente era criticada, se mantenía firme en sus convicciones y en su autorrespeto. Una vez dijo: «Para mí el consenso parece ser el proceso de abandonar todas las creencias, principios, valores, y políticas en busca de algo en lo que nadie cree... ¿Qué gran causa se ha peleado y ganado bajo el lema: «Estoy con el consenso»?»

Thatcher se mantuvo por convicción en el liderazgo y como resultado «la dama de hierro», como se le llamó, fue elegida en tres períodos consecutivos como primera ministra. Ha sido la única líder británica de la era moderna en lograrlo.

AL GRANO

Margaret Thatcher parece no haber tenido dudas sobre ella misma o sobre sus creencias; y como resultado estaba absolutamente segura de su liderazgo. Esto es cierto para todos los grandes líderes. Nadie puede vivir en un nivel inconsecuente con la forma en que se ve a sí mismo. Habrán observado eso en la gente. Si alguien se ve a sí mismo como un perdedor, encuentra una forma de perder. Cada vez que su éxito sobrepasa su seguridad, el resultado es la autodestrucción. Esto no es cierto solo para los seguidores, sino también para los líderes.

Los líderes inseguros son peligrosos; a ellos mismos, a sus seguidores y a las organizaciones que dirigen, debido a que la posición de liderazgo magnifica las imperfecciones personales. Cualquier antecedente negativo que tenga en la vida solo se vuelve más difícil de soportar cuando trata de guiar a otros.

Los líderes inseguros tienen varios rasgos en común:

1. No dan seguridad a los demás

Un viejo dicho dice: «Nadie puede dar lo que no tiene». Así como las personas sin habilidades no pueden impartir habilidades a los demás, las personas sin seguridad no pueden hacer que otros se sientan seguros. Para que una persona se convierta en un líder efectivo, la clase de líder que a otros les gusta seguir, necesita hacer que sus seguidores se sientan bien consigo mismos.

2. Toman más de las personas de lo que dan

Las personas inseguras están en una costante búsqueda de valoración, reconocimiento, y amor. Debido a eso, se concentran en buscar seguridad, no en inspirarla en otros. Son recibidores más que dadores, y los recibidores no son buenos líderes.

3. Limitan continuamente a sus mejores personas

Muéstrame a un líder inseguro, y te mostraré a alguien que no puede celebrar genuinamente las victorias de su gente. Podrían incluso evitar que celebren cualquier victoria, o podrían atribuirse el crédito por el mejor trabajo de su equipo. Como digo en *Las 21 leyes irrefutables de líder*, solo los líderes seguros pueden dar poder a otros. Esta es la Ley de la Capacidad Compartida. Un líder inseguro acapara el poder. En realidad, mientras mejor sea su gente, más amenazado se siente; y más duro trabajará para limitar su éxito y reconocimiento.

4. Limitan continuamente a la organización

Cuando los seguidores son subestimados y no reciben reconocimiento, se desalientan y finalmente dejan de funcionar en todo su potencial. Cuando esto sucede, la organización completa sufre.

Por otra parte, los líderes seguros son capaces de creer en otros porque creen en ellos mismos. No son arrogantes; conocen sus propias fuerzas y debilidades y se respetan a sí mismos. Cuando la gente actúa bien, ellos no se sienten amenazados. Se salen de su ruta para reunir a las mejores personas y prepararlas para que puedan actuar a un nivel más alto. Cuando un equipo de un líder seguro tiene éxito, esto le produce grande alegría. Él lo ve como el mejor cumplido que puede recibir por su capacidad de liderazgo.

REFLEXIONEMOS

¿Cómo te entiendes y te respetas tú? ¿Conoces tus fuerzas y te sientes bien con relación a ellas? ¿Has reconocido tus debilidades y has aceptado las que no puedes cambiar? Cuando una persona se da cuenta que está creada con un tipo de personalidad particular y tiene talentos únicos, es capaz de apreciar mejor las fuerzas y éxitos de otros.

¿Cuán seguro eres como líder? Cuando un seguidor tiene una gran idea, ¿la apoyas o la reprimes? ¿celebras las victorias de tu gente? Cuando tu equipo tiene éxito, ¿les das el crédito a sus miembros? Si no, puedes estar tratando con la inseguridad, y podrías limitarte y limitar a tu equipo y a tu organización.

CONVENCIMIENTO

Para mejorar tu seguridad, haz lo siguiente:

- *Conócete a ti mismo*. Si eres el tipo de persona que no es un autoconocedor natural, tómate tu tiempo para aprender de ti. Haz una prueba de personalidad, tal como la creada por Myers-Briggs o Florence Littauer. Pregunta a varias personas que te conozcan bien cuáles son tus tres grandes talentos y tus tres grandes debilidades. No te defiendas cuando escuches sus respuestas; reúne la información y después reflexiona sobre ella.

- *Cede el crédito*. Quizás no creas que puedes tener éxito si otros reciben la alabanza por el trabajo que tu equipo hace. Inténtalo. Si ayudas a otros y reconoces sus contribuciones, ayudarás a sus carreras, levantarás su moral y mejorarás la organización. Esto te hará lucir como un líder efectivo.

- *Busca alguna ayuda*. Si no puedes vencer los sentimientos de inseguridad por ti mismo, busca ayuda profesional. Con la ayuda de un buen consejero, llega a la raíz de tus problemas no solo por tu propio beneficio sino también por el de tu gente.

PARA EXTRAER DIARIAMENTE

En su monumental obra *La comedia humana*, el novelista francés Honorato de Balzac es un agudo observador de la naturaleza humana tratando de captar un cuadro completo de la civilización moderna. En cierta ocasión, dijo: «No hay mayor impedimento para estar en buena relación con los demás que estar incómodo consigo mismo». No dejes que la inseguridad te impida alcanzar tu potencial.

AUTODISCIPLINA: LA PRIMERA PERSONA A LA QUE TIENES QUE DIRIGIR ERES TÚ MISMO

La primera y gran victoria es conquistarse
uno mismo.

—*Platón, filósofo*

Un hombre sin decisión de carácter nunca puede
decir que pertenece a sí mismo... Pertenece a
cualquiera que pueda cautivarlo.

—*John Foster, autor*

EL REY DE LA COLINA

Es duro llegar a la cima. Pocas personas alcanzan alguna vez el lugar donde se les considera de los mejores en su trabajo; y menos aun aquellos a quienes se les considera el mejor de todos los tiempos. Eso fue lo que logró Jerry Rice. Se le considera el mejor recibidor de fútbol americano de todos los tiempos. Y tiene las marcas que lo prueban.

La gente que lo conoce bien dice que él es así por naturaleza. Sus virtudes físicas son increíbles. Tiene todo lo que un entrenador quisiera encontrar en un recibidor. El entrenador del Salón de la Fama, Bill Walsh, dijo: «No creo que, físicamente, haya habido otro como él». Pero eso no ha sido lo único que lo ha hecho grande. La verdadera clave de su éxito ha sido la autodisciplina. Trabaja y se prepara día tras día, como nadie en el mundo profesional del fútbol.

La historia de la habilidad de Rice para esforzarse se puede ver en su experiencia en conquistar las colinas. La primera fue en la secundaria. Al final de cada práctica, el entrenador Charles Davis acostumbraba que sus jugadores corrieran veinte veces arriba y abajo una colina de 36m. En un día particularmente caliente y sofocante en Mississippi, Rice pensó en retirarse después de once subidas y bajadas. Cuando empezaba a caminar hacia los vestidores, se detuvo. «No te rindas» se dijo a sí mismo, «porque una vez que lo hagas, te parecerá que lo que hiciste estuvo bien hecho. Y no lo está». Así es que regresó y terminó sus carreras, y desde entonces nunca más pensó en desertar.

Como jugador profesional, se hizo famoso por su habilidad de subir otra colina. Esta es una abrupta pista de 5km en un parque en San Carlos, California, que Rice hizo parte de su programa de entrenamiento regular. Otros jugadores destacados trataban de subir con él, pero se quedaban atrás, asombrados por su resistencia. Pero esto era solo parte de la rutina acostumbrada de Rice. Incluso fuera de la temporada, mientras otros jugadores están pescando o disfrutando de su temporada baja, Rice trabaja en su rutina de ejercicios normales desde las 7.00 hasta el mediodía. Alguien una vez dijo en broma: «Está en tan buenas condiciones que hace que Jamie Lee Curtis parezca ser James Earl Jones».

«Lo que muy pocos entienden de Jerry es que para él el fútbol es un asunto de doce meses», dice el defensa Kevin Smith. «Él está naturalmente dotado, pero aún así trabaja. Eso es lo que separa a los buenos de los grandes».

Recientemente, Rice conquistó otra cima en su carrera: se recuperó de una lesión devastadora. Antes de eso, en diecinueve temporadas nunca había perdido un juego, un testimonio a su ética de trabajo disciplinado y tenacidad absoluta. Cuando el 31 de agosto de 1997 se lesionó la rodilla, la gente pensó que para él la temporada había terminado. Hasta ese momento, solo un jugador había tenido una lesión similar y había regresado en la misma temporada: Rod Woodson. Rod había rehabilitado su rodilla en cuatro meses y medio. Rice, gracias a su determinación y a su autodisciplina, lo hizo en tres y medio. Anteriormente, la gente nunca había visto algo así, y no lo volverían a ver. Rice continuó estableciendo sus marcas y su reputación mientras ayudaba a su equipo a ganar.

AL GRANO

Jerry Rice es un ejemplo perfecto del poder de la autodisciplina.

Sin ella, nadie logra ni mantiene el éxito. No importa cuán dotado sea un líder, sus dotes nunca alcanzarán su potencial máximo sin la autodisciplina. Esta sitúa a un líder para llegar hasta el nivel más alto y es una clave para el liderazgo que permanece.

Si quieres llegar a ser un líder para quien la autodisciplina es un capital, sigue las siguientes instrucciones:

1. Desarrolla y cumple tus prioridades

Cualquiera que hace lo que tiene que hacer solo cuando tiene la disposición o cuando le conviene, no llegará a tener éxito.

Tampoco la gente lo seguirá y lo respetará. Alguien dijo una vez: «Para hacer tareas importantes se necesitan dos cosas: un plan y en realidad no demasiado tiempo». Como líder tú ya tienes poco tiempo. Ahora todo lo que necesitas es un plan. Si puedes determinar lo que es realmente una prioridad y liberarte de todo lo demás, es mucho más fácil continuar con lo que es importante. Esa es la esencia de la autodisciplina.

2. Haz de un estilo de vida disciplinado tu meta

Aprender sobre cualquier persona altamente disciplinada, tal como Jerry Rice, debe llevarte a entender que para tener éxito, la autodisciplina no puede ser asunto de un día. Tiene que convertirse en un estilo de vida.

Una de las mejores formas de autodisciplinarse es desarrollar sistemas y rutinas, especialmente en áreas cruciales para tu éxito y crecimiento a largo plazo. Por ejemplo, debido a que hablo y escribo continuamente, todos los días estoy leyendo y guardando material para uso futuro. Y debido a mi infarto en diciembre de 1998, cada mañana hago ejercicios. No es algo que hago solo por una temporada. Lo haré todos los días por el resto de mi vida.

3. Duda de tus excusas

Para desarrollar un estilo de vida disciplinada, una de las primeras tareas tiene que ser objetar y eliminar cualquier tendencia a dar excusas. Como dijo el escritor clásico francés Francois La Rochefoucauld: «Casi todas nuestras faltas son más perdonables que los métodos que elaboramos para ocultarlas». Si tienes varias razones por las que no puedes ser autodisciplinado, entiende que realmente son solo un montón de excusas: todas las cuales necesitan ser objetadas si quieres llegar al próximo nivel como líder.

4. Elimina las recompensas hasta que esté hecho el trabajo

El autor Mike Delaney sabiamente expresó: «Cualquier negocio o industria que reconozca por igual a sus trabajadores indolentes y desinteresados que a los esforzados y empeñosos, tarde o temprano se encontrará que tiene más trabajadores indolentes que empeñosos». Si careces de autodisciplina, puedes adquirir el hábito de comerte el postre antes de la sopa.

La siguiente historia ilustra el poder de retener las recompensas. Un matrimonio mayor había estado en un campamento por un par de días cuando llegó una familia a ocupar un lugar cerca de ellos. Tan pronto como el vehículo se detuvo, sus ocupantes, una pareja y sus tres niños se separaron. Un niño descargó rápidamente las neveras, mochilas y otros artículos, mientras los otros dos se dieron a la tarea de levantar las tiendas. El lugar estuvo listo en quince minutos. El matrimonio mayor estaba asombrado. «Su gente realmente hace un gran trabajo», le dijo el caballero al padre. «Tenemos un sistema que no falla», contestó este, «nadie puede ir al baño mientras no se levante el campamento».

5. Permanece concentrado en los resultados

Si cada vez te concentras en lo difícil del trabajo en lugar de en los resultados o beneficios, es probable que llegues a desanimarte. Si te quedas demasiado tiempo en ese punto, desarrollarás autocompasión en vez de autodisciplina. La próxima vez que tengas que hacer algo y te sientas tentado a buscar el camino más fácil en lugar de pagar el precio, cambia tu enfoque. Saca la cuenta de los beneficios que obtendrás por hacer lo que es correcto y después lánzate al trabajo.

REFLEXIONEMOS

Para el autor H. Jackson Brown hijo: «El talento sin disciplina es como un pulpo en patines. Mucho movimiento pero nunca se sabe si se mueve hacia adelante, hacia atrás o hacia los lados». Si sabes que tienes talento, y has visto mucho movimiento pero pocos resultados concretos, puede que carezcas de autodisciplina.

Mira finalmente tu horario semanal. ¿Cuánto de tu tiempo dedicas a actividades regulares, disciplinadas? ¿Haces algo para crecer y mejorar profesionalmente? ¿Te comprometes en actividades que promueven la buena salud? ¿Dedicas parte de tus entradas a ahorros o inversiones? Si has estado dejando de lado esas cosas, diciéndote que las harás más tarde, podrías estar necesitando trabajar en tu autodisciplina.

CONVENCIMIENTO

Para mejorar tu autodisciplina haz lo siguiente:

- *Selecciona tus prioridades*. Piensa en dos o tres áreas de tu vida que son las más importantes para ti. Anótalas junto con las disciplinas que tienes que desarrollar para crecer y mejorar en esas áreas. Desarrolla un plan para hacer de las disciplinas una parte diaria o semanal de tu vida.

- *Haz una lista de las razones*. Tómate tu tiempo para anotar los beneficios de practicar las disciplinas que acabas de escribir. Después coloca la lista de los beneficios en algún lugar donde la puedas ver diariamente. En los días que no quieras continuar, vuelve a leer tu lista.

- *Desecha las excusas*. Escribe cada razón por la que no serías capaz de continuar con tus disciplinas. Léelas todas. Necesitas descartarlas como excusas que son. Aun si una razón pareciera legítima, busca una solución para vencerla. No dejes que ninguna razón te haga desistir. Recuerda, solo en el tiempo de la disciplina tendrás el poder para lograr tus sueños.

PARA EXTRAER DIARIAMENTE

Un vivero de plantas en Canadá muestra este cartel en la pared: «El mejor tiempo para plantar un árbol es veinticinco años atrás... el segundo mejor tiempo es hoy». Siembra el árbol de la autodisciplina en tu vida hoy.

SERVICIO:

PARA PROGRESAR, PON A LOS DEMÁS

PRIMERO

El verdadero líder sirve. Sirve a la gente. Sirve a sus
mejores intereses y al hacerlo no siempre será
popular, y quizás no siempre logre impresionar. Pero
debido a que los verdaderos líderes están motivados
por el interés amoroso más que por un deseo de
gloria personal, están dispuestos a pagar el precio.

—*Eugene B. Habecker, autor*

Tienes que amar a tu gente más que a tu propia
posición.

—*John C. Maxwell*

SOBRE TERRENO MOVEDIZO

No hace mucho tiempo irrumpió ante los ojos del pueblo de los Estados Unidos el General H. Norman Schwarzkopf. Había demostrado habilidades de líder altamente exitosas al comandar las tropas aliadas en la guerra del Golfo Pérsico, tal y como había hecho durante toda su carrera, que comenzó durante sus días en West Point.

En *Las 21 leyes irrefutables del líder*, escribí cómo en Vietnam cambió por completo la fama de un batallón que era un desastre en materia de disciplina. El Primer Batallón de la Sexta de Infantería, conocido como «el peor de los seis» de un hazmerreír se convirtió en una fuerza luchadora efectiva y fue seleccionado para realizar una misión más difícil. Era una misión a la península de Batangan, a la que Schwarzkopf describió como «un horrible y maligno lugar». Esa área había estado en disputa por treinta años, estaba cubierta de minas y de trampas personales, y había sido el lugar de numerosas muertes provocadas por esos artefactos.

Schwarzkopf hizo lo mejor que pudo en una situación tan mala como aquella. Introdujo procedimientos para reducir las muertes por accidente. Cada vez que un soldado era herido por una mina, volaba a constatar su estado y lo hacía evacuar usando su helicóptero; además, hablaba a los otros soldados para hacerles mantener alta la moral.

El 28 de mayo de 1970, un hombre fue herido por una mina y Schwarzkopf voló para verlo. Mientras el helicóptero lo retiraba del lugar, otro soldado pisó una mina, hiriéndose severamente una pierna. El hombre se revolcaba gritando y lamentándose. En ese momento se dieron cuenta que la primera mina no era la única en ese lugar. Estaban en medio de un campo minado.

Schwarzkopf creía que el herido podría sobrevivir y aún conservar su pierna pero solo si dejaba de revolcarse. Solo había una cosa que podía hacer: inmovilizarlo. Schwarzkopf escribió:

«Comencé a caminar por el campo minado. Paso a paso, lentamente, estudiando el terreno, buscando protuberancias de dispositivos o puntas que sobresalieran de la tierra. Mis rodillas temblaban tan fuerte que cada vez que daba un paso tenía que agarrarme las piernas y estabilizarlas con ambas manos antes de poder dar el siguiente... Me pareció como si hubieran pasado miles de años antes de llegar al joven».

Schwarzkopf, de 240 libras de peso y que había sido luchador en West Point, sujetó al hombre herido y lo calmó. Esto le salvó la vida. Y con la ayuda de un equipo de ingenieros, lo sacó a él y a los demás del campo minado.

La calidad que Schwarzkopf demostró ese día podría describirse como heroísmo, valentía o aun temeridad; pero creo que la palabra que mejor lo describe es servidor. Ese día de mayo, la única forma en que podía ser efectivo como líder era servir al soldado que estaba en problemas.

Al grano

Cuando piensas en servidumbre, ¿la imaginas como una actividad realizada por personas relativamente poco capacitadas en lo más bajo de las capas sociales? Si es así, tienes una impresión equivocada.

El concepto de servidumbre no se refiere a posiciones ni a habilidades. Tiene que ver con actitud. Es probable que hayas conocido a personas en posiciones de servicio con actitudes muy pobres hacia el concepto de servir: el trabajador rudo de una agencia de servicio del gobierno; el camarero al cual no lo puedes molestar ordenándole tu comida, o el empleado de la tienda que habla por teléfono con un amigo en lugar de atenderte.

Tal como sientes cuando un trabajador no quiere ayudar a la gente, puedes detectar también cuando un líder tiene un corazón de siervo, y la verdad es que los mejores líderes desean servir a otros, no a ellos mismos.

¿Qué significa personificar la cualidad de siervo? Un verdadero líder servidor:

1. Pon a otros a la cabeza en su propia agenda

La primera señal de servicio es tu habilidad de poner a otros por delante de ti mismo y de tus deseos personales. Es más que desear poner tu agenda en espera. Significa estar intencionalmente consciente de las necesidades de tu gente, estar disponible para ayudarlos y ser capaz de aceptar sus deseos como importantes.

2. Posee la seguridad para servir

El verdadero corazón del siervo es la seguridad. Muéstrame a alguien que piense que es muy importante para servir, y te mostraré a alguien que es básicamente inseguro. La forma en que tratamos a otros es realmente un reflejo de como pensamos de nosotros mismos. El poeta-filósofo Eric Hoffer captó este pensamiento:

> El hecho notable es que amamos realmente a nuestros vecinos como a nosotros mismos; hacemos a otros lo que queremos que otros hagan con nosotros. Odiamos a otros cuando nos odiamos a nosotros mismos. Somos tolerantes con otros cuando nos toleramos a nosotros mismos. Perdonamos a otros cuando nos perdonamos a nosotros mismos. No es el amor al yo, sino el odio al yo lo que está en la raíz de los problemas que afligen a nuestro mundo.

La Ley de la Capacitación Compartida dice que solo los líderes seguros dan fuerza a otros. Y que los líderes seguros demuestran ser servidores.

3. Toman la iniciativa en el servicio a otros

Casi nadie servirá si es obligado a hacerlo. Algunos servirán en una crisis. Pero lo que sí se puede ver es el corazón de alguien que toma la iniciativa en servir a otros. Los grandes líderes ven la necesidad, aprovechan la oportunidad, y sirven sin esperar nada a cambio.

4. No imponen su posición

Los líderes servidores no se fijan en rangos o posiciones. Cuando el coronel Norman Schwarzkopf caminó por un campo minado, el rango fue la última cosa en su mente. Era solamente una persona tratando de ayudar otra persona. Si algo le dio a él un sentido mayor de obligación de servir fue ser el líder.

5. Sirve por amor

El servidor no es motivado por manipulación o por autopromoción sino por amor. Al final, el alcance de tu influencia dependerá de lo profundo de tu preocupación por otros. Es por eso que es tan importante para los líderes estar dispuestos a servir.

R E F L E X I O N E M O S

¿Dónde está tu corazón cuando se trata de servir a otros? ¿Deseas llegar a ser un líder para obtener gloria y beneficios? ¿O estás motivado por un deseo de ayudar a otros?

Si realmente quieres llegar a ser el tipo de líder que la gente quiere seguir, tienes que decidir ser un servidor. Si tu actitud es que te sirvan más que servir, puede que tengas problemas. Si esto es un problema para tu vida, entonces necesitas poner atención a este consejo:

Deja de señorearte de las personas y *empieza* a escucharlas.
Deja de actuar en busca de ventajas personales y *empieza* a arriesgarte por el beneficio de otros.

Deja de buscar tu propio beneficio y *empieza* a servir a otros.

Es verdad que aquel que quiera ser grande tiene que ser como el más pequeño y el siervo de todos.

CONVENCIMIENTO

Para mejorar tu servicio haz lo siguiente:

- *Haz cosas pequeñas.* ¿Cuándo fue la última vez que hiciste pequeños actos de amabilidad por otros? Empieza con los que están más cerca a ti: esposo o esposa, hijos, padres. Encuentra formas de hacer cosas pequeñas que muestren a otros tu preocupación e interés por ellos.

- *Aprende a caminar despacio por entre la multitud.* Una de las más grandes lecciones que aprendí cuando era un líder joven me la dio mi padre. La llamo: «Caminar despacio por entre la multitud». La próxima vez que asistas a alguna actividad con clientes, colegas o empleados, hazte el propósito de conectarte con ellos, moviéndote y hablando. Concéntrate en cada persona que se encuentre presente. Aprende el nombre si no lo sabes. Trata de conocer las necesidades de cada uno, lo que quieren y sus deseos. Después que hayas vuelto a casa, escribe una nota para recordarte a hacer algo beneficioso por una media docena de esas personas.

- *Entra en acción.* Si la actitud de servidor está visiblemente ausente de tu vida, la mejor manera de cambiarla es comenzar a servir. Empieza a servir con tu cuerpo, y tu corazón finalmente lo captará. Comprométete a servir a otros por seis meses en tu iglesia, una agencia comunitaria o una organización de voluntarios. Si tu actitud todavía no es buena al final de ese período, hazlo de nuevo. Y sigue haciéndolo hasta que cambie tu corazón.

PARA EXTRAER DIARIAMENTE

Albert Schweitzer una vez dijo: «Yo no sé cuál será su destino, pero una cosa sí sé: los que entre ustedes hayan buscado y encontrado cómo servir, serán verdaderamente felices». Si quieres dirigir en el nivel más alto, tienes que estar dispuesto a servir en el nivel más bajo».

APRENDER:

PARA MANTENERTE DIRIGIENDO,

MANTENTE APRENDIENDO

Escuchar y leer debe tomarte aproximadamente
diez veces más tiempo que hablar. Esto te
asegurará que estás en un proceso de continuo
aprendizaje y mejoramiento.

—*Gerald McGinnis, presidente de Respironics, Inc.*

Lo que cuenta es lo que aprendes
después de saberlo.

—*John Wooden, entrenador de baloncesto del Salón de la Fama*

EL ÉXITO DISFRAZADO DE VAGABUNDO

Si ves a un hombre pequeño con un bigote corto, con un bastón, pantalones bombachos, zapatos grandes y torpes y un sombrero de hongo, inmediatamente sabrás que se trata de Charlie Chaplin.

Casi todo el mundo lo reconoce. En los años entre 1910 y 1920 era la persona más famosa y reconocible del planeta. Si miramos a las celebridades de hoy, la única persona en la misma categoría de Chaplin en popularidad podría ser Michael Jordan, pero para medir quién es la mejor estrella tendríamos que esperar otros setenta y cinco años para saber cómo el mundo recuerda a Jordan.

Cuando Chaplin nació, nadie le hubiera predicho tanta fama. Nacido en la pobreza dentro de un matrimonio de músicos ingleses, se encontró en la calle desde muy pequeño cuando su madre fue internada en una institución para enfermos mentales. Después de años en asilos y orfanatos, comenzó a trabajar en el teatro para sobrevivir. A los diecisiete ya era un actor veterano. En 1914, cuando estaba en la mitad de la década de sus veinte, trabajó para Mack Sennett en los estudios Keystone en Hollywood ganando 150 dólares a la semana. Durante ese primer año en el negocio de la cinematografía hizo treinta y cinco películas, trabajando como actor, escritor y director. Todos reconocieron su talento de inmediato y su popularidad creció.

Un año más tarde, ganaba 1250 dólares a la semana. En 1918 hizo algo sin precedente: firmó el primer contrato de un millón de dólares de la industria del entretenimiento. A los veintinueve años de edad era rico, famoso y el productor de películas más poderoso del mundo.

Chaplin tuvo éxito porque tenía un gran talento y un empuje increíble. Pero esas características eran alimentadas por la habilidad para aprender. Continuamente se esforzaba por crecer y perfeccionar su arte. Aun cuando era el actor más popular y mejor pagado *del mundo*, no estaba satisfecho con lo que había logrado.

En una entrevista explicó su deseo de mejorar:

Cuando estoy viendo alguna de mis películas presentadas a una audiencia, siempre pongo mucha atención a lo que no los hace reír. Si, por ejemplo, varias audiencias no se ríen en un acto que para mí es cómico, inmediatamente comienzo a desmenuzar ese fragmento para descubrir qué estaba equivocado en la idea o en su ejecución. Si oigo un ligero murmullo de risa por algo que yo no esperaba que fuera gracioso, me pregunto por qué esa parte en particular produjo risas.

Ese deseo de crecer lo hizo exitoso económicamente y le produjo un alto nivel de excelencia para todo lo que hacía. En esos primeros días, el trabajo de Chaplin fue aclamado como entretenimiento maravilloso. Con el paso del tiempo fue reconocido como un genio cómico. Hoy en día muchas de sus películas son consideradas obras maestras y él es apreciado como uno de los más grandes productores de todos los tiempos. El crítico de cine y escritor de guiones James Agee escribió: «En la obra de Chaplin se encuentra la más fina pantomima, la más profunda emoción, la más rica y más conmovedora poesía».

Si cuando alcanzó el éxito Chaplin hubiera sustituido su habilidad para aprender por autosatisfacción arrogante, su nombre hubiera estado exactamente junto con Ford Sterling o Ben Turpin, estrellas de películas silentes que ya se han olvidado. Pero Chaplin se mantuvo creciendo y aprendiendo como actor, director y algunas veces ejecutivo de películas. Cuando la experiencia le enseñó que los productores de películas estaban a merced de estudios y distribuidores, inició con Douglas Fairbanks, Mary Pickford y D.W. Griffith su propia compañía, Artistas Unidos, la que hoy día sigue estando en el negocio.

AL GRANO

Los líderes enfrentan el peligro de sentirse satisfechos con el *statu quo*. Después de todo, si un líder ya posee influencia y ha logrado un nivel de respeto, ¿para qué querer seguir creciendo? La respuesta es sencilla:

Tu crecimiento determina quién eres.
Quien eres determina a quién atraes.
A quién atraes determina el éxito de tu organización.

Si quieres que tu organización crezca tienes que mantenerte aprendiendo.

Déjame darte cinco pautas que te ayudarán a cultivar y mantener una actitud de aprendizaje permanente:

1. Cúrate de la enfermedad de destino

Irónicamente, con frecuencia la falta de habilidad para aprender tiene sus raíces en los logros.

Erróneamente, algunas personas creen que si pueden alcanzar una meta en particular, ya no tienen que crecer más. Esto puede ocurrir con casi todo: ganar un grado académico, alcanzar una posición deseada, recibir un reconocimiento o lograr un objetivo financiero.

Pero los líderes efectivos no pueden resistir pensar de esa manera. El día que dejen de crecer ese es el día de la pérdida de su potencial; y el potencial de la organización. Recuerda las palabras de Ray Kroc: «Mientras esté verde, está creciendo, en cuanto madure, comienza a podrirse».

2. Supera tu éxito

Otra ironía de estar siempre aprendiendo es que con frecuencia el éxito lo impide. Los líderes efectivos saben que lo que los llevó allí no los mantendrá allí. Si has tenido éxito en el pasado, ten cuidado. Considera esto: si lo que hiciste ayer todavía te parece grande, no has hecho mucho hoy.

3. No tomes atajos

Mi amiga Nancy Dornan dice: «La mayor distancia entre dos puntos es un atajo». Esto es verdaderamente cierto. Por casi todo en la vida se paga un precio. Cuando desees crecer en una esfera particular, analiza lo que realmente costará, incluyendo el precio, y entonces decide pagarlo.

4. *Depón tu orgullo*

Tener una disposición a aprender requiere admitir que no lo sabemos todo, y eso nos puede hacer lucir mal. Además, si nos mantenemos aprendiendo, también seguiremos cometiendo errores. Pero como dice el escritor y experto artesano Elbert Hubbard: «El mayor error que uno puede cometer en la vida es estar temiendo continuamente que va a cometer uno». No se puede ser orgulloso y estar aprendiendo al mismo tiempo.

Emerson escribió: «Por cada cosa que ganas, pierdes algo». Para ganar crecimiento, renuncia al orgullo.

5. *Nunca pagues dos veces por el mismo error*

Teddy Roosevelt afirmó: «El que no se equivoca, no progresa». Esto es cierto. Pero el líder que sigue cometiendo los mismos errores, no progresa. Como líder dispuesto a aprender, cometerás errores, olvídalos, pero recuerda siempre qué fue lo que te enseñaron. Si no lo haces, pagarás por ellos más de una vez.

REFLEXIONEMOS

Cuando era un muchacho y crecía en la zona rural de Ohio, vi este letrero en una tienda de alimentos: «Si no le gusta la cosecha que recoge, revise la semilla que siembra». Aunque el letrero era un anuncio para las semillas, contenía un principio maravilloso.

¿Qué clase de cosecha estás recogiendo? ¿Parecen tu vida y liderazgo mejorar día tras día, mes tras mes, año tras año? ¿O luchas constantemente solo para mantener tu terreno? Si para este tiempo en tu vida no te encuentras en el lugar que esperabas estar, tu problema puede ser falta de disposición para aprender. ¿Cuándo fue la última vez que hiciste algo por primera vez? ¿Cuándo fue la última vez que te hiciste vulnerable al meterte en algo para lo cual no eras un experto? Durante los próximos días o semanas observa tu actitud hacia crecer y aprender para ver dónde estás situado.

Convencimiento

Para mejorar tu habilidad para aprender, haz lo siguiente:

* *Observa cómo reaccionas a los errores.* ¿Reconoces tus errores? ¿Te disculpas cuando corresponde? ¿O permaneces a la defensiva? Obsérvate. Y pide su opinión a un amigo confiable. Si reaccionas en mala forma, o no cometes ningún error, necesitas trabajar en tu habilidad para aprender.

* *Intenta algo nuevo.* Abandona tu rutina hoy y haz algo distinto que te obligue mental, emocional o físicamente. Los retos nos cambian para bien. Si realmente quieres empezar a crecer, haz de los nuevos retos parte de tu actividad diaria.

* *Aprende en tu área fuerte.* Lee de seis a doce libros al año sobre liderazgo o sobre tu campo de especialidad. Continuar aprendiendo en un área donde ya eres un experto evita que te agotes y te conviertas en alguien que no aprende.

Para extraer diariamente

Después de ganar su tercer campeonato mundial, el montador de toros Tuff Hedeman no tuvo una gran celebración. Se fue a Denver para una nueva temporada. Y todo el proceso comenzó de nuevo. Su comentario fue: «Al toro no le interesa lo que hice la semana pasada». Ya seas un novato no probado o un veterano de éxito, si quieres ser campeón mañana, tienes que estar dispuesto a aprender hoy.

VISIÓN:

PUEDES CONSEGUIR SOLO

LO QUE PUEDES VER

El valor de un gran líder para cumplir su visión
viene de la pasión, no de la posición.

—*John C. Maxwell*

El futuro pertenece a aquellos que ven las
posibilidades antes de que sean obvias.

—*John Sculley*
Ex-ejecutivo de Pepsi y de las Computadoras Apple

No hay pintura descascarada...
Todos los caballos saltan

Uno de los más grandes soñadores del siglo veinte fue Walt Disney. Quienquiera que haya sido capaz de crear los primeros dibujos animados con sonido, los primeros dibujos animados a todo color y la primera película animada de largometraje es definitivamente alguien con visión. Pero las obras maestras más grandes de la visión de Disney fueron Disneylandia y Walt Disney World. La chispa para esa visión vino de un lugar inesperado.

Cuando las dos hijas de Walt eran jóvenes, él acostumbraba llevarlas a un parque de diversiones en el área de Los Ángeles los sábados por la mañana. A sus hijas les encantaba y a él también. Un parque de diversiones es un paraíso para los niños, con una atmósfera maravillosa: el olor a rositas de maíz y algodón de azúcar, los colores llamativos de los carteles de anuncios de los aparatos, y el sonido de los niños gritando cuando la montaña rusa cae cuesta abajo.

Walt se sintió especialmente cautivado por el carrusel. Al acercarse, vio una mancha de imágenes brillantes cabalgando alrededor al sonido de la música del órgano de vapor. Pero cuando estuvo más cerca y el carrusel se detuvo, pudo ver que sus ojos habían sido engañados. Observó caballos gastados con la pintura agrietada y descascarada, y notó que solo los caballos de la línea exterior se movían arriba y abajo. Los otros se mantenían sin vida fijos en el suelo.

El desengaño le dio una gran visión. Con los ojos de su mente pudo ver un parque de diversiones donde la ilusión no se evaporara, donde niños y adultos pudieran disfrutar una atmósfera de carnaval sin el aspecto deteriorado que acompaña a algunos circos o parques de entretenimiento itinerantes. Su sueño se convirtió en Disneylandia. Como Larry Taylor propone en *Be an Orange* [Sé una naranja], la visión de Walt podría resumirse como: «No hay pintura descascarada. Todos los caballos saltan».

Para un líder, la visión es todo. Es absolutamente indispensable.

¿Por qué? Porque es la visión la que lo guía. Es ella la que marca la meta. Enciende y alimenta el fuego dentro de él, y lo lleva hacia adelante. También es el encendedor para otros que siguen a ese líder. Muéstrame un líder sin visión, y te mostraré alguien que no va a ningún lugar. En el mejor de los casos, viaja en círculos.

Para conocer algo de visión y como esta forma parte de la vida de un buen líder, entiende estas cosas:

1. La visión comienza adentro

Cuando doy conferencias, de vez en cuando alguien me pide que le dé una visión para su organización. Pero yo no puedo hacer eso.

La visión no se puede comprar, mendigar, ni pedir prestada. Tiene que venir de adentro. Para Disney, la visión nunca fue un problema. Debido a su creatividad y búsqueda de la excelencia, siempre vio lo que podía ver.

Si careces de visión, mira dentro de ti. Saca tus deseos y dotes naturales. Mira a tu llamado, si tienes uno. Si todavía no sientes una visión propia, piensa en la posibilidad de conectarte con un líder cuya visión esté en consonancia con la tuya. Hazte su compañero. Esto es lo que Roy, el hermano de Walt Disney, hizo. Él era un buen hombre de negocios y un líder que podía hacer cosas, pero Walt era el que le proveía la visión. Juntos hicieron un equipo increíble.

2. La visión proviene de tu historia

La visión no es una cualidad mística que viene de un vacío, como algunas personas parecen creer. Esta brota del pasado de un líder y de la historia de la gente que lo rodea. Este fue el caso para Disney, pero es cierto para todos los líderes. Habla con cualquier líder y es probable que descubras sucesos claves en su pasado que fueron instrumentales en la creación de su visión.

3. La visión enfrenta las necesidades de otros

La verdadera visión es de largo alcance. Va más allá de lo que un individuo puede lograr, y si tiene verdadero valor, hace más que solo incluir a otros; les *añade valor*. Si tienes una visión que no sirve a otros, probablemente sea demasiado pequeña.

4. La visión ayuda a conseguir recursos

Uno de los más valiosos beneficios de la visión es que actúa como un imán; atrae, reta y une a la gente. También reúne dinero y otros recursos. Mientras más grande sea la visión, mayor el potencial de atraer a más ganadores. Mientras más desafiante sea la visión, más duro lucharán los participantes por lograrla.

Edwin Land, el fundador de la Polaroid, aconsejó: «Lo primero que debes hacer es enseñar a la persona a sentir que la visión es muy importante y casi imposible. Esto es lo que da impulso a los ganadores».

REFLEXIONEMOS

¿De dónde viene la visión? Para encontrar la visión que es indispensable para el liderazgo, tienes que convertirte en un buen oyente. Tienes que escuchar varias voces.

La voz interior

Como ya dije, la visión comienza adentro. ¿Sabes cuál es la misión de tu vida? ¿Qué agita tu corazón? ¿Con qué sueñas? Si lo que sigues en la vida no viene de un deseo interno; de las profundidades de lo que eres y de lo que crees, entonces no serás capaz de lograrlo.

La voz de la insatisfacción

¿De dónde viene la inspiración para las grandes ideas? De saber qué es lo que *no* funciona. Estar descontento con el estado de las cosas es un gran catalítico para la visión. ¿Te dejas llevar con complacencia por la inercia? ¿O estás ansioso por cambiar tu mundo? Ningún gran líder en la historia ha luchado para evitar el cambio.

La voz del éxito

Nadie puede lograr grandes cosas solo. Para hacer realidad una gran visión, necesitas un buen equipo. También necesitas un buen consejo de alguien que vaya delante de ti en el viaje del liderazgo. Si quieres llevar a otros a la grandeza, búscate un consejero. ¿Tienes un consejero que pueda ayudarte a aguzar tu visión?

La voz más alta

Aunque es cierto que tu visión tiene que venir de adentro, no debes dejarla confinada por tus capacidades limitadas. Una visión verdaderamente valiosa tiene que tener a Dios en ella. Solo Él conoce todas sus capacidades. Cuando has buscado tu visión, ¿has mirado más allá de ti, incluso más allá del tiempo de tu vida? Si no, puedes estar perdiendo tu verdadero potencial y lo mejor de tu vida.

CONVENCIMIENTO

Para mejorar tu visión, haz lo siguiente:

- *Mídete.* Si has pensado previamente en tu visión para tu vida y la has enunciado claramente, mide cuán bien la estás llevando a cabo. Habla con varias personas claves, tales como tu cónyuge, un amigo de confianza y empleados claves, y pídeles que digan lo que piensan que es tu visión. Si la pueden describir, entonces es probable que la estés viviendo.

- *Escríbela.* Si has pensado en tu visión pero nunca la has escrito, tómate el tiempo para hacerlo hoy. Escribir clarifica tu pensamiento. Una vez que la hayas escrito, evalúa si es digna de lo mejor de tu vida. Entonces dedícate a ella con todas tus fuerzas.

* *Haz un chequeo de tu ánimo.* Si no has trabajado mucho en tu visión, pasa las próximas semanas o meses pensando en esto. Considera lo que realmente te impacta a nivel de tu ánimo.

*¿Qué te hace llorar?*_____

*¿Qué te hace soñar?*_____

*¿Qué te da energía?*_____

Piensa también en lo que te gustaría que cambiara en el mundo que te rodea. ¿Qué ves que no es, pero puede ser? Una vez que tus ideas se vayan aclarando, escríbelas y habla a un consejero sobre ellas.

PARA EXTRAER DIARIAMENTE

Robert Woodruff fue, de 1923 a 1955, presidente de la Coca-Cola. Durante ese tiempo, trabajó para que cada estadounidense tuviera acceso a una botella de Coca-Cola por el precio de cinco centavos, sin importar cuánto le costara a la compañía. ¡Qué meta! Pero eso no era nada comparado con el cuadro mayor que podía ver con los ojos de la mente. En el lapso de su vida, quiso que cada persona en el mundo pudiera gustar la Coca-Cola. ¿Qué ves cuando miras hondo dentro de tu corazón y tu alma en busca de una visión?

CONCLUSIÓN

Espero que hayas disfrutado la lectura de *Las 21 cualidades indispensables de un líder* y te hayas beneficiado al hacer los ejercicios en la sección de «Convencimiento» de cada capítulo. Estas tareas están diseñadas para ayudarte a echar una mano a cada cualidad e iniciarla en el proceso de crecimiento personal continuo en tu vida.

Quiero animarte a seguir creciendo como líder. Repasa este libro periódicamente para medir cómo te estás desarrollando y hazte un programa regular donde constantemente leas libros, escuches grabaciones y asistas a conferencias que te ayuden a crecer. Si buscas recursos que te puedan ayudar en este proceso, ponte en contacto con mi organización:

> Grupo INJOY
> P.O. Box 7700
> Atlanta, GA 30357-0700
> 800-333-6506
> www.injoy.com

Te enviaremos con gusto un catálogo y un programa de conferencias. Quiero animarte a buscar otros líderes que te aconsejen en persona o a través de libros y grabaciones. La única forma de convertirte en el tipo de líder que la gente *quiere* seguir es mantenerte creciendo y aprendiendo sobre liderazgo. Buena suerte.

Sobre el autor

John C. Maxwell, conocido como experto en liderazgo, es el fundador del grupo INJOY, una organización dedicada a ayudar a las personas a sacar el máximo de su potencial personal y de liderazgo. Cada año Maxwell habla personalmente a más de 250,000 personas e influye en la vida de más de un millón a través de seminarios, libros y grabaciones. Es autor de veinticuatro libros.

Otros Titulos de John C. Maxwell

CARIBE BETANIA EDITORES

www.caribebetania.com

Herramientas para los líderes de hoy

Editorial Caribe le ofrece las herramientas para que «desarrolle el líder alrededor de usted» y «desarrolle el líder dentro de usted», dirigiéndolo «hacia una administración eficaz». Eso se logra al mantener un equilibrio entre «52 maneras de estirar su dinero» y «el liderazgo bíblico genuino». Recuerde siempre: «un líder no nace se hace», por lo tanto combine «los negocios y la Biblia» y glorifique a Dios.